8ª edição - Fevereiro de 2023

Coordenação editorial
Ronaldo A. Sperdutti

Projeto gráfico e editoração
Juliana Mollinari

Capa
Juliana Mollinari

Imagens da capa
123RF

Assistente editorial
Ana Maria Rael Gambarini

Revisão
Alessandra Miranda de Sá
Ana Maria Rael Gambarini

Impressão
Assahi gráfica

Direitos autorais reservados. É proibida a reprodução total ou parcial, de qualquer forma ou por qualquer meio, salvo com autorização da Editora. (Lei nº 9.610, de 19 de fevereiro de 1998)

Traduções somente com autorização por escrito da Editora.

© 2023 by Boa Nova Editora.

Av. Porto Ferreira, 1031 | Parque Iracema
CEP 15809-020 | Catanduva-SP
17 3531.4444

www.**petit**.com.br | petit@petit.com.br
www.**boanova**.net | boanova@boanova.net

Dados Internacionais de Catalogação na Publicação (CIP)
(Câmara Brasileira do Livro, SP, Brasil)

```
Carlos, Antônio (Espírito)
    O sonâmbulo / ditado pelo espírito Antônio
Carlos ; [psicografia de] Vera Lúcia Marinzeck de
Carvalho. -- 8. ed. -- Catanduva, SP : Petit Editora,
2023.

    ISBN 978-65-5806-042-0

    1. Espiritismo 2. Psicografia 3. Romance espírita
I. Carvalho, Vera Lúcia Marinzeck de. II. Título.
```

23-142017   CDD-133.93

Índices para catálogo sistemático:

1. Romances espíritas psicografados : Espiritismo
    133.93

Cibele Maria Dias - Bibliotecária - CRB-8/9427

Impresso no Brasil – Printed in Brazil
8-02-23-3.000-35.500

Prezado(a) leitor(a),
    Caso encontre neste livro alguma parte que acredita que vai interessar ou mesmo ajudar outras pessoas e decida distribuí-la por meio da internet ou outro meio, nunca deixe de mencionar a fonte, pois assim estará preservando os direitos do autor e, consequentemente, contribuindo para uma ótima divulgação do livro.

VERA LÚCIA MARINZECK DE CARVALHO
Ditado pelo Espírito
ANTÔNIO CARLOS

O SONÂMBULO

VERA LÚCIA
MARINZECK
DE CARVALHO
Ditado pelo Espírito
Antônio Carlos

O SONÂMBULO

SUMÁRIO

CAPÍTULO 1

UM NOVO AMIGO 7

CAPÍTULO 2

NA FAZENDA...19

CAPÍTULO 3

ORFANATO...29

CAPÍTULO 4

SONAMBULISMO.....................................41

CAPÍTULO 5

ACONTECIMENTOS TRÁGICOS................55

CAPÍTULO 6

O SANATÓRIO 69

CAPÍTULO 7

UM AMOR 83

CAPÍTULO 8

DE VOLTA AO SANATÓRIO.......................97

CAPÍTULO 9

RELIGIÕES SÃO SETAS NO CAMINHO.......111

CAPÍTULO 10

A MUDANÇA...131

SUMÁRIO

CAPÍTULO 11

LEMBRANÇAS 145

CAPÍTULO 12

PERDÃO 155

CAPÍTULO 13

DECISÃO 169

CAPÍTULO 1

UM NOVO AMIGO

Atendendo ao pedido de uma amiga que reside na mesma colônia que eu, fui visitar um interno encarnado num sanatório judiciário. Deparei-me com um prédio grande, em reforma e envolto em fluidos de angústia, medo e tristeza. Normalmente, em lugares onde doentes se agrupam, a dor resulta nesses tipos de fluidos que citei, tanto que, atualmente, vejo pessoas alegrando esses ambientes e com bons resultados. Bons pensamentos, otimismo, orações e alegria produzem energias salutares aos que se recuperam.

Acima da construção material havia outro prédio, que somente poucas pessoas que estão no Plano Físico veem. Era um posto de socorro, local de moradia de socorristas que trabalham lá ajudando os encarnados enfermos e os recém-desencarnados.

Esse prédio do Plano Espiritual era bonito, moderno, espaçoso, claro e com muitas plantas, contrastava com a construção da matéria densa.

Subi as escadas e bati na porta do posto de socorro.

Enquanto aguardava, observei o local. A escada que acabara de subir iniciava-se no pátio ao lado do portão de entrada para o sanatório. A porta à minha frente era simples e de tom claro. Poderia ter volitado[1] e entrado no posto. Mas, quando somos apenas visitantes, normalmente não fazemos isso.

Não aguardei muito tempo; a porta se abriu e uma senhora sorridente me cumprimentou. Expliquei o motivo da minha visita e ela convidou-me a entrar. Atravessei um pequeno *hall* e deparei com a sala de recepção muito arrumada. A senhora passou para o lado de trás de um balcão, pegou uma ficha e leu alto:

— *Geraldino, sessenta e três anos, foi casado...* — deu-me as informações de que eu necessitava.

Agradeci. A atendente gentilmente ofereceu:

— *Antônio Carlos, você quer que um dos nossos traba-lhadores o acompanhe?*

— *Sim, quero, obrigado* — respondi agradecido.

Ela se afastou para logo retornar acompanhada de um homem jovem e sorridente.

— *Esse é Daniel* — disse ela nos apresentando.

Cumprimentamo-nos.

— *Vou levá-lo até Geraldino. Acompanhe-me, por favor* — pediu Daniel.

---

1 N.A.E. Volitar, na literatura espírita, é a denominação do ato de os espíritos desencarnados se movimentarem no espaço, quando o fazem sem que os pés toquem o chão. Nos livros espíritas, principalmente nos do Espírito André Luiz, há incontáveis exemplos nesse sentido.

Descemos por uma escada interna até o hospital dos encarnados. Havia muito movimento: enfermeiras e doentes iam e vinham pelos corredores. Chegamos a um pequeno pátio cimentado e paramos perto de um banco em que estava sentado um homem que aparentava ser muito idoso.

— *Este é Geraldino!*

— *Fale-me mais sobre ele* — pedi.

— *Já faz trinta e quatro anos que ele está aqui. Além das doenças mentais, tem outras graves, está muito debilitado. Acha que irá desencarnar logo?* — indagou Daniel.

— *Sua filha Jacy me pediu para vê-lo* — respondi. — *Ela acredita que ele irá logo mudar de plano. Quer muito que o pai possa merecer um socorro. Pediu-me para ajudá-lo.*

— *Jacy é a filha que ele matou!* — comentou Daniel. Percebendo que fora indelicado, tentou suavizar o que dissera, sem, entretanto, conseguir: — *Em quem ele bateu e que desencarnou!*

— *Geraldino recorda esses fatos?* — perguntei.

— *Sempre! Ele lembra muito, às vezes com desespero; outras, com angústia e remorso. E ainda tem raiva da esposa. Você sabe onde a mulher dele está?* — curioso, Daniel quis saber.

— *A esposa de Geraldino reencarnou* — respondi. — *Está tendo a abençoada oportunidade de um recomeço. Você sabe o que ele pensa?*

— *Todos os que vêm aqui para aprender a ser útil, tornar-se um atendente e, no futuro, um socorrista, analisam Geraldino por dois motivos: primeiro porque ele tem uma história interessante e triste; segundo porque pensa muito numa coisa: na tragédia. Estou trabalhando nessa área em que ele está e assim sei o que ocorreu com ele.*

O SONÂMBULO

Daniel fez uma pausa; depois, continuou a falar:

— *Geraldino era casado e tinha dois filhos: um rapaz e uma moça, a Jacy. Era trabalhador, honesto, porém ia muito num barzinho perto de onde morava. Isso era motivo de brigas no lar. Um dia, estava com os amigos, bebendo, e estes falaram para ele que sua esposa o traía. Deram detalhes, nomes e lugares de encontros. Era mentira, e eles logo iam desmentir. Mas aconteceu um acidente na frente do bar, uma charrete atropelou um garoto. Gritos, discussões, o pai do menino queria esfaquear o charreteiro. Todos saíram para ver. Geraldino afastou-se sem que os outros percebessem e foi para casa. Nervoso, impulsivo, já chegou agredindo a esposa, que revidou, aos gritos. Ele apertou o pescoço dela. A filha Jacy foi acudir a mãe. Não conseguindo fazer com que o pai a soltasse, ela pegou uma vassoura para bater nele. Geraldino, deixando a raiva dominá-lo mais ainda, jogou com força a esposa contra a parede e atacou a filha, tomando-lhe a vassoura e golpeando-a na cabeça. Resultado: as duas morreram.*

Os vizinhos, acostumados com os gritos e as discussões, nem se importaram. Mas os amigos de farra, quando resolvida a questão entre o pai do garoto e o charreteiro, não vendo Geraldino, concluíram que ele fora embora. Resolveram ir atrás dele para desmentir a história e, quando chegaram lá, viram-no assustado, sentado no chão, balbuciando palavras que ninguém entendia, e as duas caídas.

Ele foi preso. O filho, magoado, nunca mais quis vê-lo ou saber dele. Na prisão, perceberam que ele adoecera, enlouquecera. Veio para cá e nunca se recuperou.

Os ex-companheiros de bar tentaram dizer-lhe na prisão que mentiram, mas ele não compreendeu. Nunca recebeu uma visita nesses anos todos que aqui está.

Daniel terminou seu relato. Olhei para Geraldino, que estava magro, com os cabelos brancos, curvado e com um olhar muito triste.

— *Observe, Antônio Carlos* — continuou Daniel, esclarecendo-me —, *que ele aperta o lenço na mão. Às vezes pensa que está apertando o pescoço de sua mulher.*

Vi seus pensamentos: uma sala pequena; entre o sofá e a parede, uma mulher desesperada tinha o pescoço apertado.

Dei-lhe um passe. Transmiti-lhe energias benéficas e desfiz seus pensamentos, fazendo-o pensar num jardim florido. Ele se acalmou e se encostou no banco.

— *Quando a filha Jacy vem aqui, se ele a sente, apavora-se* — explicou Daniel.

Jacy havia me dito isso. As duas já lhe tinham perdoado, e ela queria ajudá-lo, mas não estava conseguindo. Geraldino, sentindo-se culpado, acha que a filha vem para castigá-lo, para cobrá-lo por tê-la assassinado e se desespera.

— *O remorso o faz adoecer!* — exclamou Daniel.

— *Devemos arrepender-nos de todos os nossos erros* — falei —, *mas não deixar que o remorso nos destrua! Necessitamos compreender o erro, ter vontade de repará-lo e, se possível, fazer o bem a quem prejudicamos. Se isso não for possível no momento, devemos ser bons para outras pessoas.*

— *Lugares de vícios, como o bar que Geraldino frequentava, devem ter desencarnados ociosos querendo confusão. Esses desencarnados devem tê-lo influenciado* — opinou Daniel.

— Recebemos muitas influências. Mas temos o livre-arbítrio de atender a quem queremos. Podemos concluir pela lógica quem são os indivíduos com base nos locais que frequentam. Em bibliotecas estão os que querem aprender, os que gostam de leituras; em templos e igrejas, os que normalmente oram; em bares, os que apreciam a bebida etc. Admito, porém, que em todos os lugares há frequentadores de boa e de má índole.

Fiz uma pausa. Vendo que Daniel aguardava atento minha conclusão, continuei a falar:

— Jacy me disse que seu pai escutou os amigos, acreditou neles. Com a confusão na frente do bar, saiu sem que ninguém o visse. Desencarnados que ali estavam rindo incentivaram a brincadeira. Até disseram a ele para tomar providências. Como todos saíram para a rua, esses desencarnados, curiosos, foram também. Quando aconteceu a tragédia, estavam somente os três na casa. Geraldino, quando compreendeu que tirara a vida física das duas, entrou em estado de choque e adoeceu.

Olhei para Geraldino, examinando-o. Ele estava com uma doença grave no coração. Não sabia determinar quando, mas ele fatalmente iria sofrer um enfarte que resultaria na morte do seu corpo físico.

— Voltarei à noite e tentarei conversar com seu espírito quando seu corpo estiver adormecido — decidi .

— Vai ser difícil — Daniel explicou-me. — Geraldino não é de falar muito, tem um medo terrível de quem não conhece. E ele está tomando uma medicação forte para dormir, o que dificulta o afastamento do seu espírito do corpo físico.

— Então vou tentar falar com ele agora.

Aproveitando que o pai de Jacy estava calmo, dei-lhe outro passe, fazendo-o adormecer tranquilo.

— *Sou médico* — falei-lhe baixinho e compassadamente.

Seu perispírito, afastado centímetros do corpo físico que dormia sentado no banco, virou-se, observando-me. Continuei:

— *Geraldino, você precisa pensar em Deus, nosso criador. Nosso Pai Amoroso o ama e quer que fique bem.*

— Sou um assassino! — falou com dificuldade.

— *Você já foi perdoado! Por que insiste em condenar a si mesmo?*

— Matei-as! As duas sofreram! Elas vão se vingar, maltratar-me! Mereço!

— *Sua esposa e sua filha compreenderam-no, perdoaram-lhe e querem que você esteja em paz.*

— Tenho de pagar! — exclamou Geraldino e suspirou.

— *Já não pagou? Todos os que erram e são julgados pelos seus crimes recebem uma pena, ficam presos e pagam. Você foi condenado a vinte e seis anos, já ultrapassou essa pena. Ninguém lhe cobra nada.*

— Sou infeliz! Matei-as! — repetiu muitas vezes.

— *Sinta-se perdoado!* — insisti.

Vendo-o cansado, não insisti mais. Geraldino acordou, levantou-se tranquilo, colocou no bolso o lenço que segurava e, vendo um enfermeiro, aproximou-se dele e indagou:

— Você acha que Deus nos perdoa? Será que já paguei pelo meu crime?

Infelizmente o trabalho ali era muito, e a equipe de encarnados nem sempre tinha tempo para dar atenção aos enfermos. Tentei instruir mentalmente o enfermeiro indagado e este atendeu ao meu apelo e respondeu:

— Sim, Deus nos perdoa sempre porque nos ama! E o senhor já pagou pelo seu crime! Não deve se culpar mais!

O enfermeiro afastou-se e Geraldino ficou pensando: "Posso ter pago, mas estou vivo, e elas, mortas!".

— *Morrer não é acabar! Vivemos em outro lugar quando temos nossos corpos físicos mortos!* — transmiti a ele, olhando firme em seus olhos.

— Quando se morre, vive-se em outro local! — falou Geraldino baixinho, sentando-se no banco novamente.

— *Que bom!* — exclamou Daniel. — *Nunca vi Geraldino assim tranquilo. Pela primeira vez aceitou uma boa sugestão! Antônio Carlos, Geraldino é doente do corpo, e seu perispírito também aparenta estar enfermo. Essa doença é reflexo de qual: do corpo ou do espírito?*

— *Espírito harmonizado tem corpo perispiritual e físico sadios. Pelo remorso, ele fez adoecer o perispírito e este transmitiu o mal ao corpo físico. Quando ele se sentir perdoado e compreender que errou, mas que pagou com a dor por esse erro, poderá sentir-se equilibrado. Seu perispírito se harmonizará, mas o corpo adquiriu uma doença incurável e não se recuperará mais. Geraldino, quando desencarnar, deverá ser submetido a um tratamento para se livrar do reflexo do físico. Quando nos sentimos quites com as Leis Divinas, a recuperação é mais fácil.*

Marquei com Daniel de ir outras vezes naquele mesmo horário, logo após o almoço do sanatório, para visitar Geraldino. Escolhemos essa hora porque era o momento em que ele ia para o pátio e costumava sentar-se num banco. O pai de Jacy me aceitou, não tinha medo de mim. Eu lhe dava passes e ele adormecia tranquilo, afastava seu perispírito um pouquinho do corpo físico, que dormia, e então conversávamos. Depois de algumas conversas, perguntei-lhe:

— *Geraldino, sua filha Jacy queria tanto vê-lo, abraçá-lo. Você não a receberia?*

— Ela não tem raiva de mim? Você tem certeza de que ela quer me ver?

— *Quer sim. Amanhã vou trazê-la.*

No outro dia, Jacy me acompanhou. Daniel, ao nos receber, informou:

— *Geraldino melhorou, tem estado mais tranquilo. O médico diminuiu seu medicamento.*

Jacy ficou de longe olhando-me dar um passe em seu pai e ele adormecer.

— *Geraldino* — falei —, *Jacy está aqui. Fique calmo! Receba os beijos de sua filha.*

Minha amiga aproximou-se devagarzinho.

— *Papai! Meu pai!*

Abraçaram-se. Ambos choraram.

— *Eu lhe perdoo, papai!* — exclamou Jacy.

— Não mereço! — queixou-se Geraldino emocionado.

— *Eu lhe perdoo!*

Era emoção demais para o nosso enfermo. Jacy afastou-se, ele acordou chorando. E chorou por vários minutos. Nenhum encarnado prestou atenção naquele choro sentido e sofrido.

Quando se acalmou, fomos embora. Jacy passou a me acompanhar nas visitas. Geraldino recebia-a com alegria, deixava-se abraçar, beijar e, o mais importante, sentiu-se perdoado. Indagou pela esposa e, ao saber que ela também lhe perdoara, alegrou-se. O genitor de minha amiga melhorou visivelmente, sua aparência era tranquila, sorria e estava mais sociável. Nessas visitas, Daniel e eu conversávamos bastante e tornamo--nos amigos.

— *Antônio Carlos* — Daniel me informou —, *Geraldino tem falado aos médicos e enfermeiros que recebe a visita da filha. Ninguém acredita. E ele está alegre e tranquilo.*

— *Daniel, não há razão para que eu venha mais aqui* — comuniquei. — *Jacy já pode vir sozinha. Agradeço-lhe pela ajuda que nos deu.*

Abraçamo-nos prometendo nos visitar.

Dias depois, Jacy veio me procurar.

— *Algum problema?* — indaguei ao vê-la.

— *Não com papai. Embora esteja muito doente, faz dois dias que não consegue levantar-se do leito, está tranquilo e com certeza poderei socorrê-lo assim que desencarnar. É com Daniel, ele está tristonho e preocupado. Eu não quis perguntar o motivo, temi ser inconveniente. Como sei que vocês dois são amigos, achei que você poderia ajudá-lo.*

Agradeci-lhe. No outro dia fui com Jacy visitar seu pai. Daniel nos cumprimentou sorrindo e nos acompanhou até Geraldino, que estava acamado. Observei meu amigo, de fato, pareceu-me preocupado. Deixando Jacy com o pai, aproximei-me de Daniel.

— *Está com algum problema, amigo?*

— *É que tenho de tomar uma decisão importante e não sei como fazê-lo* — respondeu Daniel.

— *Posso ajudá-lo?* — indaguei solícito.

— *Pode. Antônio Carlos, se você puder me escutar e aconselhar, ficaria muito agradecido. Mas a história é longa.*

— *Gosto de histórias* — falei sorrindo. — *Vamos marcar um encontro?*

Combinamos de nos encontrar naquela mesma noite, em que ele estaria de folga. Aguardei ansioso o anoitecer, na expectativa de ouvir um relato interessante.

CAPÍTULO 2

NA FAZENDA

Na hora marcada, fui ao sanatório. Daniel me recebeu contente e aliviado por eu ter ido. Dirigimo-nos a uma das salas, um consultório médico.

— *Aqui estaremos sossegados a essa hora da noite. Antônio Carlos, Geraldino desencarnou. Seu corpo já foi para a sala do velório e Jacy pôde desligar seu espírito e levá-lo para um posto de socorro.*

— *Que bom!* — exclamei.

Sentamo-nos. Olhei para ele incentivando-o a contar o que o preocupava. Daniel suspirou e começou a falar:

— *Quando encarnado, fui um nictobata![1]*

---

1 N. da médium Nictobata: que ou aquele que, durante o sono, levanta-se, anda e fala; noctâmbulo, sonâmbulo.

"*Nictobata*" — pensei, tentando recordar se sabia o sentido dessa palavra. Daniel não esperou para saber se eu conhecia ou não o significado e explicou:

— *Sonâmbulo!*

Sorri e ele continuou a falar:

— *Antônio Carlos, estou indeciso se reencarno ou não. Queria continuar como aprendiz neste trabalho no sanatório, de que tanto gosto. Fiz planos de estudar, de preparar-me para o retorno ao Plano Físico. Quando encarnar, quero ser enfermeiro, um bom profissional. Mas ele me pediu para voltar à matéria densa, para reencarnarmos juntos. E eu não sei o que fazer.*

Daniel fez uma pausa, compreendendo que, para opinar, eu teria de saber tudo o que acontecera com ele. Sendo assim, começou a contar:

— Eu não sabia o que era morte. Somente compreendi seu significado quando me falaram que minha mãe havia morrido. Com o passar dos dias, senti falta dela, do seu carinho, da sua atenção, e achei que a morte era algo muito ruim.

Éramos pobres, morávamos numa fazenda em que meu pai era empregado. Nossa casa era simples, sem conforto, mas gostávamos do lugar e éramos felizes. Ali havia muitas árvores, animais, ficávamos soltos, meus irmãos, eu e a meninada da fazenda. Corríamos e brincávamos perto das casas dos empregados.

Nossa vida mudou com a desencarnação de minha mãe. Meu pai, nervoso, exigiu que eu, o mais velho, fizesse o serviço de casa e cuidasse dos meus irmãos. Eu não sabia fazer o que ele me ordenava e pela primeira vez me bateu. Chorei muito, queria minha mãe. Meus irmãos também choravam, sentíamo-nos desamparados e tristes.

Gostava muito dos meus irmãos. Rodrigo tinha sete anos e Isabel, três. Minha irmãzinha era linda: cabelos claros, olhos castanho-dourados, rostinho rosado, e era muito esperta. Eu estava com quase dez anos e, mesmo sem saber como, tentei fazer tudo o que meu pai me mandava. Às vezes duas vizinhas vinham me ajudar. Tive de parar de ir às aulas. Para frequentar a escola, os garotos que moravam ali levantavam às cinco horas da manhã e caminhavam bastante. Voltavam à tarde. Eu não tinha como continuar indo e deixar meus irmãos sozinhos. Meu pai, ao chegar em casa depois do trabalho, ia lavar roupas, cortar lenha, cozinhar e estava mal-humorado e triste.

Três meses se passaram e todos ali na fazenda aconselhavam meu pai a arrumar outra mulher. Eu não queria ninguém no lugar de minha mãe, mas estava muito difícil viver daquele modo.

Uma noite, meu pai chegou em casa com uma moça e nos disse que ela ia morar conosco. Eulália, assim se chamava, abraçou-nos, disse que éramos bonitos, tentou nos agradar. Meu irmão me disse baixinho enquanto meu pai mostrava a casa para ela:

— Não gosto dela!

Eu estava tão cansado que, quando meu pai me disse que poderia ir dormir e que não precisava lavar as panelas, fui deitar contente. Achei que talvez não fosse tão ruim assim ter uma madrasta.

Os primeiros dias em que Eulália ficou conosco foram bons. Ela fez a comida, limpou a casa e eu cuidei dos meus irmãos. Papai estava alegre e todo atencioso com ela.

Via-os conversando baixinho, pois não queriam que eu escutasse. Na véspera da folga de papai, ele me comunicou:

— Daniel, amanhã Eulália, Rodrigo, Isabel e eu vamos à cidade. Você fica e cuida de tudo.

Queria ir também, mas nem pedi, tive receio. Se meu pai já tinha decidido, era melhor fazer o que ele queria. No outro dia, quando saíram, estranhei ao ver que levaram as roupas dos meus irmãos. Fiquei sozinho, fui tratar dos animais e limpar a casa. Senti uma tristeza que doía o peito e não entendi o porquê.

Meu pai e Eulália chegaram à noite sem meus irmãos. Papai nem esperou que eu perguntasse por eles e explicou:

— Daniel, dei seus irmãos. Até que tentei criá-los, mas estava muito difícil para mim.

— Mas agora temos dona Eulália para ajudar! — exclamei, querendo chorar.

— Ora, menino! — falou Eulália. — Eu não quero cuidar de filhos de outra mulher! Vocês, crianças, dão muito trabalho! Fizemos o melhor!

— Daniel — disse meu pai —, eles ficarão bem, estão com outras famílias que irão cuidar deles como filhos. Isso se chama adoção.

— Será para eles bem melhor do que ficar aqui — explicou Eulália. — Demo-los para pessoas que moram na cidade, que residem em casas boas. Lá eles terão comida à vontade, roupas novas e irão para a escola sem precisar andar tanto.

— Por que eu não fui? — perguntei.

— Porque você já é crescido! — explicou Eulália. — Ninguém quer um garoto com dez anos. Tivemos sorte de uma família querer Rodrigo. E depois tenho de ter alguém aqui para me ajudar no serviço da casa e você já está acostumado.

Chorei, meu pai falou passando a mão na minha cabeça, querendo me consolar:

— Não chore, Daniel! Também senti tristeza em deixar Rodrigo e Isabel lá na cidade em casas de estranhos. Mas não teve outro jeito. Não deu certo eu cuidar de vocês sozinho. Sua mãe morreu e não volta mais. E Eulália tem razão de não querer trabalhar tanto e cuidar dos filhos de outra mulher. Você ficou e trate de ser obediente!

Já não gostava mais de morar na fazenda. Sentia muita falta de minha mãe e de meus irmãos. Não tinha tempo para brincar. Quis voltar a estudar. Pedi para meu pai para frequentar novamente a escola.

— De jeito nenhum! — gritou em tom alterado Eulália, que nos escutava. — Se você for para a escola, quem me ajudará nos serviços da casa? Você não precisa estudar mais, já sabe assinar seu nome, eu nem isso sei.

Minhas tarefas em casa eram inúmeras, eu trabalhava muito, tornei-me um garoto triste e sentia muitas saudades da minha mãe e de meus irmãos.

— Faça isso direito! Anda, menino!

Eulália me chamava de menino e o tempo todo me dava ordens.

Como fazia o trabalho de casa, de mulher, como diziam os moradores da fazenda, a meninada ria de mim, chamando-me de mulherzinha. Não podia nem reclamar, pois, se o fizesse, papai ralhava comigo. Minha madrasta passou a me bater; surrava-me por qualquer motivo.

Um dia fui buscar lenha, e dois moços, trabalhadores da fazenda, pegaram-me e estupraram-me. Chorei muito de dor e de vergonha. Ameaçaram-me: se contasse para alguém, eles diriam que eu estava mentindo e falariam para meu pai me bater. Com receio, fiquei quieto. Tinha medo de pegar lenha no campo, mas, se não fosse, Eulália me batia, e, se fosse, os dois me esperavam. Foi um período de muita dor e tristeza. Sofri muito. Agora entendo que por meio do sofrimento aprendi uma lição: nunca forçar alguém a fazer algo que não quer.

Minha madrasta brigava muito com as vizinhas; arrumou tanta confusão que o dono da fazenda mandou meu pai embora.

— Vamos para a cidade! — exclamou Eulália contente. — Viver aqui é muito ruim. Vamos deixar o menino no orfanato.

Ao escutar isso fiquei sem saber se seria ruim ou não para mim. Não sabia o que era orfanato. Mas gostei de saber que íamos embora da fazenda. Era infeliz ali.

Meu pai e minha madrasta arrumaram o pouco que iam levar; o resto venderam para os colonos. Minhas roupas couberam numa pequena sacola.

— Vamos à cidade e lá pegaremos o trem para o orfanato. Depois iremos para a cidade grande — decidiu papai.

Fomos à cidade de charrete emprestada pelo dono da fazenda. Vi então uma cidade pela primeira vez. Era um lugarejo pequeno. Encantei-me com as ruas e as casas pertinho umas das outras. Estava com muita fome, mas, como aprendera a não pedir nada, fiquei calado olhando tudo e caminhando atrás dos dois, que estavam muito alegres.

— Aqui é a estação — informou Eulália. — Vamos comprar a passagem e viajar. É muito bom viajar de trem!

Tive medo do trem, da locomotiva. Meu pai precisou me puxar para dentro do vagão. Sentei num banco perto da janela.

Quando o trem começou a se movimentar, meu coração batia tão forte que parecia que ia arrebentar. Logo me acalmei, gostei e olhei tudo, curioso. Fiquei pensando como podia aquele veículo gigante deslizar pelos trilhos. O barulho que fazia parecia uma música agradável, e seu apito me fazia sorrir.

Meu pai comprou pães para nós. Fui comendo, estava maravilhado com a viagem. Gostei muito dessa curta aventura.

Daniel deu um longo suspiro. Fez uma pausa na sua narrativa. Segundos depois me olhou e indagou:

— Antônio Carlos, estou aborrecendo-o? Não estou falando demais?

— Está sendo um prazer para mim ouvi-lo — afirmei.

— Sendo assim, sinto-me mais à vontade para continuar falando. Quando minha mãe estava conosco, passamos por muitas privações, mas foi um período tranquilo. Tenho saudades somente dessa fase da minha infância. Depois, como tudo mudou!

Daniel fez outra pausa. Indaguei:

— Você encontrou seus irmãos?

— Enquanto encarnado, não soube deles, de ninguém de minha família — respondeu Daniel. — Quando desencarnei, procurei saber deles. Mamãe provocou um aborto e desencarnara por causa de uma hemorragia. Vagou desesperada por ter de nos deixar e por nos ver sofrendo. Meu irmão Rodrigo e eu teríamos de passar pela orfandade; minha mãe iria desencarnar jovem, mas ela abreviou seu tempo, sofreu com a mudança de planos e com o remorso. Padeceu muito. Depois *foi socorrida, ficou pouco tempo num posto de auxílio e teve a bênção da reencarnação. Está encarnada e vou vê-la sempre que posso. Minha mãe não sabia que abortar era errado, ela era uma pessoa simples e ignorante, mas sentiu-se culpada quando desencarnou, porque achou que era preferível ter mais filhos a nos deixar órfãos.*

Visitando meus irmãos, soube que meu pai e Eulália os levaram à cidade e lá ofereceram os dois para as pessoas. Rodrigo ficou com uma família que já tinha muitos filhos. Ele cresceu escutando que tinha sido rejeitado e que estava com eles de favor. Dormia nos fundos da casa, comia quando todos já o haviam feito, mas foi à escola e aprendeu uma profissão, a de marceneiro. Casou-se bem jovem, dá muito valor ao seu lar, é feliz, tem quatro filhos e adotou um menino. Sua mãe adotiva desencarnou; seu pai adotivo ficou sozinho e doente. Os filhos verdadeiros não o quiseram, e meu irmão o levou para morar com ele. Deu-lhe o melhor quarto e o trata muito bem. E esse senhor fala sempre:

— Tive muitos filhos, mas é o adotivo que cuida de mim!

Em uma visita que fiz a Rodrigo, escutei-o conversando com o pai adotivo:

— Meu pai, peço-lhe, por favor, que não trate meu filho adotivo desse modo. Ele sabe que o adotamos, não lhe estamos fazendo nenhum favor e não quero que ele se sinta rejeitado. Não fazemos diferença entre eles. Todos são nossos filhos!

— Não o tratamos bem, não é, Rodrigo? Agora entendo que não fomos bons para você.

— Mas me criaram e educaram e sou grato a vocês. Somente quero que o senhor não faça diferença entre seus netos.

Compreendi que Rodrigo sofreu muito, mas superou. Tem um lar onde ama e é amado. É honesto, uma pessoa boa. Ele, quando ficou adulto, foi nos procurar. Lembrava-se vagamente do lugar onde morávamos. Na fazenda, disseram que tínhamos ido embora e que ninguém sabia para onde. Meus pais vieram de outra região e não tínhamos parentes por ali. E Rodrigo não soube de nós.

Isabel teve mais sorte porque foi adotada por um casal que tinha somente filhos homens, por isso uma menina foi uma alegria para eles. Quando mudaram da cidadezinha, eles a registraram como filha, deram-lhe outro nome e ela nunca soube que era adotiva. Estudou, é professora, casou, tem filhos, está bem.

Meu pai e Eulália viveram muitos anos numa cidade grande, cometendo erros. Meu genitor nunca sentiu saudades de nós três. Nem quando desencarnado quis saber dos filhos. Ambos desencarnaram e vagam no umbral. Espero poder ajudá-los quando reconhecerem seus erros e quiserem se melhorar. Até isso acontecer, oro por eles.

CAPÍTULO 3
ORFANATO

Depois de ter me contado o que aconteceu com seus familiares, Daniel continuou a narrar suas lembranças:

"Que pena a viagem ter terminado" — pensei —, "estava tão gostoso no trem".

Meu pai e minha madrasta conversavam baixinho e pediam informações para as pessoas que encontravam na rua. Eu estava encantado olhando as pessoas, as casas e a rua. Paramos numa praça e meu pai falou:

— Daniel, aqui está seu registro de nascimento; coloque-o na sua sacola. Vou levá-lo a um local onde ficará por uns dias. Depois virei buscá-lo.

Tive medo, senti um frio na barriga e perguntei, baixinho:

— Vou ficar sozinho?

— Claro que não — respondeu Eulália. — Onde você vai ficar é uma casa grande e bonita, e lá moram muitas crianças. Nós o deixaremos na porta, você baterá e pedirá para ficar por uns dias. Nós dois vamos arrumar emprego e uma casa para morar. Quando isso acontecer, voltaremos para buscá-lo.

Choraminguei e ela me deu um beliscão. Fiquei quieto e os acompanhei.

— É ali! Agora vá! — ordenou Eulália.

— Adeus, meu filho, que Deus o abençoe! — meu pai falou e me empurrou.

Fui andando devagar. Depois de ter dado alguns passos, olhei para trás e vi os dois andando rápido, quase correndo, e virando a esquina. Chorei baixinho. Senti um medo terrível. Caminhei lentamente até a frente do prédio, parei e bati na porta. Um senhor que passava, vendo que eu batia de leve, bateu com força. Ele nada disse e foi embora.

Que agonia estar ali sozinho num lugar estranho, apavorado e chorando.

A porta se abriu e vi uma senhora que sorriu para mim. Chorei mais alto, soluçava.

— Por que está chorando, meu menino? Está sozinho? Entre!

Eu não conseguia falar, quando ela me abraçou; aconche-guei-me nos seus braços e chorei mais ainda. Uma outra senhora me deu água. Quando me acalmei, levaram-me para uma sala grande, o refeitório, onde me ofereceram alimentos. Não sabia se comia ou se chorava. A senhora me apresentou:

— Chamo-me dona Carmem, não tenha medo de mim... de nós. Conte-nos o que lhe aconteceu. Por que você está sozinho? De onde veio?

— Da fazenda Bujão — respondi. — Meu pai me trouxe até a esquina, ordenou-me que batesse na porta e pedisse para ficar aqui por uns dias. Ele vai voltar para me buscar.

— Buscar? Muitos dizem isso e... — disse uma moça, que parou de falar porque dona Carmem a olhou séria.

— Como você se chama? — perguntou dona Carmem.

— Daniel! — respondi, e, lembrando-me do documento que meu pai me dera, abri a sacola e o entreguei a dona Carmem. — Aqui está meu registro.

Ela pegou, abriu, leu e sorriu para mim.

— Daniel, vou guardar para você este documento. Agora coma, meu bem.

Parei de chorar e comi bolo e frutas, que achei muito gostosos. Dona Carmem me olhava com carinho.

— Você ficará bem instalado aqui — disse. — Vamos abrigá-lo até seu pai voltar para buscá-lo. Irá dormir com outros garotos, no dormitório, onde terá uma cama e um armário para guardar seus pertences. Daniel, conte-me o que aconteceu com você.

— Éramos felizes — disse —, embora às vezes não tivéssemos o que comer ou roupa para vestir. Mas minha mãe morreu e tudo ficou difícil. Meu pai não deu conta de trabalhar, cuidar da casa e de nós. Não tínhamos parentes, aí ele arrumou uma outra mulher e tudo piorou. Deram meus irmãozinhos. Meu pai brigou com o dono da fazenda e tivemos de mudar de lá. Eles foram procurar emprego e meu pai me ordenou que ficasse aqui. Ele disse que voltará para me buscar.

O SONÂMBULO

Dona Carmem passou a mão pelos meus cabelos. Eu sorri e senti-me mais aliviado.

— Vou pedir para a Soninha cortar seus cabelos e para a Terezinha ensiná-lo a usar o banheiro. Irá tomar um banho e verei umas roupas melhores para você.

— Não precisa — falei baixinho.

— Precisa sim. Gosto de ver a garotada bonita. Venha, não tenha medo.

Ainda estava receoso, mas aquela senhora tão agradável me deu segurança e a acompanhei.

Nunca havia visto uma casa tão grande. Olhei tudo, admirado, achei-a muito bonita e limpa.

"Se eu tiver de limpar tudo isso, estou perdido!" — pensei, lembrando que limpava nossa casa na fazenda.

Dona Carmem pareceu ler meus pensamentos e explicou:

— Daniel, neste lar as crianças não trabalham, os maiores fazem pequenas tarefas. Aqui todos estudam e brincam.

— Legal! — exclamei.

Dona Carmem riu ao me ver alegre.

Chegamos a um local com muitas camas e ela me esclareceu:

— Aqui é o lugar que chamamos de dormitório. Esta é a sua cama e este é o seu armário. Coloque sua sacola aí.

Soninha, uma moça negra, muito bonita, gorda e risonha cortou meus cabelos. Gostei do resultado. Terezinha, uma moça delicada e miudinha, me ensinou a usar o banheiro, pois eu nunca havia visto um. Depois do banho, vesti as roupas que me deram; estavam limpinhas, cheirosas e achei-as lindas. Ganhei também uma sandália e um chinelo.

— Agora — convidou Terezinha — venha conhecer seus novos amiguinhos.

— Vou ter de devolver estas roupas quando meu pai vier me buscar?

— Estamos lhe dando e são suas — respondeu ela. — Daniel, tudo o que você quiser saber, pergunte a mim. São muitas novidades e você poderá esquecer. Não se acanhe de perguntar.

Havia muitas crianças no refeitório. Dona Carmem, vendo Terezinha e eu entrarmos, apresentou-me:

— Meninos, esse é o Daniel!

— Boa tarde! — gritou a meninada.

Gostei deles e nos tornamos amigos.

O medo foi sumindo e fui me adaptando ao orfanato.

"Isso que é vida!" — pensava alegre. — "Não trabalho, tenho amigos, posso brincar e ainda vou à escola".

Éramos todos muito bem tratados ali no orfanato. Dona Carmem nos amava e pela primeira vez desde que minha mãe morrera fiquei alegre. Não queria ir embora, nem que meu pai viesse me buscar.

Dois dias depois conheci Olavo, um funcionário do orfanato que trabalhava nos jardins e na horta. Tive medo, lembrei-me da violência que sofrera com os moços da fazenda, mas logo minhas preocupações acabaram. Olavo era um senhor bondoso, que gostava da meninada e a respeitava.

Nivaldo, José Luís e eu tornamo-nos inseparáveis, gostávamos uns dos outros.

— Estou aqui desde que era nenê, ninguém sabe quem são meus pais. Não conheço outra vida, não sei o que é ter um lar.

Queria ter pai e mãe, morar numa casinha — lamentou José Luís.

— Nem sempre morar numa casa é o melhor — eu disse, consolando-o. — Mãe sim, isso é bom. Mas gosto mais daqui do que de morar com meu pai e minha madrasta.

— Por que você não pede para dona Carmem para ficar? Se seu pai vier buscá-lo, ela pode impedir — opinou José Luís.

Pensei no que ele me falou e resolvi conversar com ela, fazer meu pedido. Dona Carmem me escutou atentamente e respondeu:

— Daniel, seu pai tem direitos sobre você. Mas, pelo que tenho visto, pela minha experiência, acho que ele não virá buscá-lo. Mas, se vier, vou pedir ao juiz para que você fique aqui conosco. Estou contente de saber que você gosta de morar aqui.

— Gosto muito!

Recebi abraços, o que era muito importante para mim. Gostei de dona Carmem. Para mim ela era como uma segunda mãe. Na verdade, era isso que ela era para todos nós: uma mãe.

Queria muito aprender, esforçava-me tanto que consegui acompanhar a classe. Embora estivesse com dez anos, cursava a segunda série.

— Fiz xixi na cama de novo! — lamentou Nivaldo, triste, esforçando-se para não chorar. — Não consigo parar!

Percebi que eram muitas as crianças que urinavam na cama. Pela manhã, ao acordarmos, escutávamos as reclamações. Nenhuma delas gostava de amanhecer molhada. Dona Carmem e Terezinha não ralhavam. Às vezes, elas pediam para as crianças ajudarem a trocar as camas e levarem os colchões para o pátio para tomar sol.

Fiquei com pena do Nivaldo, ele estava realmente aborrecido. Tentei consolá-lo e ele acabou por desabafar:

— Acho que estou preocupado, e é por isso que faço xixi na cama. Não conheci meu pai nem sei quem ele é. Minha mãe me colocou aqui quando eu estava com oito anos. Ela me disse que não tinha como cuidar de mim. No começo, vinha me visitar. Agora sumiu. Faz oito meses e dezesseis dias que ela não vem me ver nem manda notícias. O Olavo foi atrás dela, mas ela lhe disse que está muito ocupada para vir até o orfanato.

— Não fique triste, Nivaldo. Sua mãe deve estar mesmo ocupada. É melhor você se preocupar com a prova de matemática, e não esqueça que a diretora da escola nos prometeu uma surpresa no recreio.

À tarde conheci o senhor Ciro. A meninada me informou que ele era um homem rico e que ajudava muito o orfanato. Vinha sempre visitá-lo e, nessas ocasiões, trazia doces, frutas e brinquedos.

Ele me deu brinquedos. Pela primeira vez tive um brinquedo meu. Como gostei de brincar!

No orfanato havia crianças de ambos os sexos que ficavam em dormitórios separados. Mas nos encontrávamos nos pátios, no refeitório e nas salas, que eram de uso comum. Saíamos todos juntos e estudávamos na escola perto do orfanato.

Ficávamos eufóricos quando recebíamos visitas e elas nos traziam presentes ou organizavam festas e brincadeiras. Éramos todos carentes; então, como era importante para nós essas atenções! Às vezes, grupos de jovens passavam a tarde conosco, organizavam jogos, traziam bolos, balas e brinquedos. Gostava muito quando eles tocavam violão e nos ensinavam a cantar.

Como é importante para os internos de orfanatos, os abrigos de menores, receber essas atenções e carinhos! Hoje, depois de tantos anos, sou grato a essas pessoas que trocaram suas horas de lazer para dedicar-se ao próximo e alegrá-lo. Que bem que fazem!

Em uma manhã de domingo, logo cedo os garotos comentaram:

— Foram deixados esta noite na porta do orfanato dois bebês: um menino e uma menina!

— Vamos vê-los!

E lá fomos nós, curiosos, ver os nenês. Dona Carmem os mostrou.

— Estão dormindo, demos mamadeira a eles. Vejam e depois vocês devem trocar de roupa e ir para o refeitório.

Vi os bebês e achei-os lindos. Eram tão pequenos!

— Como pode alguém abandoná-los? — comentei.

— Não foram abandonados — explicou dona Carmem. — Foram deixados aqui. Cuidaremos deles. Aqui não existem crianças abandonadas. Essa casa é nosso lar. Amamos vocês!

As meninas maiores ajudavam a cuidar dos pequeninos. Mas eles não ficavam muito tempo no orfanato, pois eram logo adotados, e esses dois, uma semana depois, foram embora com seus novos pais. Lembrei que meu pai falou que dar filhos era adoção. Senti muita saudade dos meus irmãos. Como aprendera a rezar, orei bastante para que estivessem bem.

— É sempre assim — disse Nivaldo. — Quase todos os bebês acabam sendo adotados.

— Eu não quero ser adotado, estou bem aqui — falei.

— Eu não posso porque tenho mãe e ela não me dá para ninguém — explicou Nivaldo.

Nivaldo era muito bonito e José Luís me disse que um casal quis adotá-lo, mas a mãe dele não deu autorização.

Quando ia um casal escolher uma criança para adotar no orfanato, era uma agonia. Muitos queriam ser adotados, outros não, e a preferência era pelos pequenos e pelos nenês.

Acho mesmo que não ter um lar é uma grande lição para o espírito! — expressou Daniel com um suspiro. Após uma pausa, continuou:

Um dia, um soldado trouxe um garotinho que estava perdido perto de uma estrada. Estava muito machucado. Dona Carmem cuidou dele com carinho, deu-lhe banho, fez curativos, ofereceu alimentos. Ele não falava.

— Acho que ele é mudo! — opinou José Luís.

— Escutei Terezinha falar que pode ser choque — informou Nivaldo.

— Será que tem pais? Será órfão? — perguntei.

O médico veio e logo ficamos sabendo que o garoto era mudo. Como não sabíamos o nome dele, dona Carmem o chamou de José. Era o Zezinho.

Com os cuidados e a atenção de todos, seus machucados sararam, ele ficou corado e brincava conosco. Soninha nos informou:

— Ninguém sabe de onde esse menino veio. Se tem pais, se está perdido ou se foi abandonado. A polícia está investigando. Enquanto isso, Zezinho fica conosco. Ele é muito educado: sabe comer com talheres e usar o banheiro.

Vinte dias depois, um casal aflito entrou no pátio do orfanato, onde estávamos todos. Era hora do recreio. A senhora, ao ver Zezinho, gritou:

— Gerson, meu filhinho!

Ele correu para a mãe e foi aquela choradeira. Lembrei-me da minha mãe e me deu uma vontade de receber, como Zezinho ou Gerson, um abraço dela. Acho que foi por isso que toda a meninada sentiu e chorou a falta de um abraço maternal.

Gerson foi embora com os pais. Soninha nos contou que o garoto estava na frente de sua casa brincando quando um casal desconhecido o pegou. Deduziram que somente mais tarde esses sequestradores descobriram que ele era mudo e aí o abandonaram.

— Não deveriam nunca tirar uma criança de seus pais! — exclamou Nivaldo. — É muita crueldade!

— Que será que Deus faz com essas pessoas tão más? — perguntei.

— Não sei, talvez as faça crianças de novo e outras pessoas as pegam e maltratam — deduziu José Luís.

Escutei muitos comentários das crianças que desejavam que seus pais viessem buscá-las como aconteceu com Zezinho. Acho que todos nós queríamos isso. Mas logo esquecemos o Zezinho, pois o orfanato era movimentado.

Os meninos gostavam de assustar as meninas. Um dia Nivaldo achou um sapinho e o colocamos perto de onde um grupo de garotas estava sentado. Quando elas viram o pequeno animal, foi uma gritaria. Rimos muito.

José Luís colocou sal no açucareiro e foi o senhor Ciro quem tomou o café.

— Ai! Que é isso no café? — perguntou ele.

Depois examinou o açucareiro e riu. Quando ele foi embora, dona Carmem ficou brava.

— O senhor Ciro é um homem bondoso, que sempre nos ajuda. O que ele irá pensar de nós? Quem fez isso que se apresente! Senão vou separar os prováveis culpados e castigar todos.

José Luís se apresentou e se desculpou:

— Dona Carmem, achei que seriam as meninas que usariam esse açucareiro. Desculpe-me.

— Desculpo, mas você irá tomar o café com o seu "açúcar".

Colocou café e sal na xícara e mandou que José Luís o tomasse. Mas, como dona Carmem era muito bondosa, colocou pouco café e sal. Ele tomou fazendo careta e a meninada riu.

Havia muitas árvores nos fundos do orfanato. Brincávamos muito nesse espaço, fazíamos cabanas, esconderijos e nos alimentávamos de seus frutos.

Foi um período tranquilo para mim, do qual me recordo com carinho e gratidão. Admiro aqueles que se preocupam com outras pessoas, que respeitam e educam crianças carentes. Cada uma de nós no orfanato tinha uma história triste, de acontecimentos infelizes de orfandade, de abandono e de carência afetiva.

Às vezes brigávamos. Dona Carmem, Terezinha e Olavo estavam sempre tentando nos harmonizar.

— Vocês têm de gostar um do outro como irmãos! — pedia dona Carmem.

Ela nos amava e sabíamos disso. Crianças sentem quando são queridas.

Meu pai não veio me buscar, nunca deu notícias, eu não soube dele e dei graças por isso.

CAPÍTULO 4

SONAMBULISMO

A expressão de Daniel suavizou com as lembranças agradáveis; ele continuou a narrar:

— Daniel, você se levanta à noite, dormindo! — informou-me Nivaldo.

— Eu não! É mentira sua! — repliquei.

— Você se levanta dormindo, sim! — afirmou Paulinho. — Eu vi! Você anda por todo o dormitório.

Não me lembrava de nada, mas ficou confirmado que me levantava e andava dormindo. No começo ficava somente pelo dormitório.

— Daniel, você mexeu no meu armário! Devolva o meu lápis — ordenou Ronaldo.

Abri o meu armário e lá estava o lápis dele. Fiquei envergonhado e Ronaldo queixou-se para dona Carmem, que veio conversar comigo.

— Daniel, você não se lembra mesmo que se levantou à noite e pegou o lápis do Ronaldo?

— Não, senhora, eu não lembro. Juro!

— Não precisa jurar! Diga somente a verdade.

— Não me lembro de nada — afirmei.

— Isso se chama sonambulismo. Há pessoas que, como você, levantam-se dormindo, andam, fazem determinadas coisas, voltam para a cama e não se lembram de nada.

— Não quero fazer isso! Por favor, ajude-me! — roguei-lhe.

Dona Carmem sorriu, abraçou-me e consolou-me.

— Isso passa. Vou explicar a todos o que é isso. Eles vão entender.

Ao entrarmos juntos no refeitório, dona Carmem esclareceu o que era sonambulismo, falou que no orfanato já havia tido uma menina que se levantava dormindo, que isso aconteceu por um tempo e passou. Falou também que ninguém deveria ter medo de mim, pois existiam muitas pessoas com sonambulismo.

Eu sentia que a meninada tinha medo de mim, especialmente os colegas de quarto.

Um dia José Luís chegou da escola e me deu um pedaço de papel.

— Daniel, copiei para você o que é *sonâmbulo*. Minha professora nos deu o dicionário para acharmos sinônimos. A primeira palavra que procurei foi sonâmbulo e escrevi no caderno.

Você acredita que dona Maria foi conferir? Nem ela sabia que *nictobata* é o mesmo que sonâmbulo.

Peguei o papel, agradeci e li:

— Sonâmbulo: que, ou aquele que anda, fala ou se levanta dormindo. O mesmo que nictobata.

À tarde, jogando bola, José Luís gritou:

— Nictobata, vai pegar a bola ou não?

Os garotos pararam o jogo para rir.

— Nic o quê?

— Nictata?

— Que é isso?

— Nictobata — explicou José Luís. — É o mesmo que sonâmbulo. Se Daniel é sonâmbulo, é nictobata.

Tentei disfarçar que achava ruim. Não gostava de ser sonâmbulo, não queria ser, mas era. A meninada começou a me chamar de nictobata, mas, como era difícil de dizer, abreviaram e ficou Nic. Todos no orfanato passaram a me chamar assim. Até os funcionários e dona Carmem esqueceram que eu me chamava Daniel; ficou somente Nic.

Numa noite em que chovia muito levantei-me, saí do nosso quarto, fui à sala da frente e abri a janela. No outro dia, a sala estava toda molhada. Descobriram que fora eu, porque deixara um dos meus chinelos lá.

Foram muitas as manhãs em que eu acordava nu, sem o pijama, ou com ele do avesso, com outras roupas, ou até mesmo com o uniforme escolar. Às vezes colocava uma roupa em cima da outra ou vestia as roupas dos colegas, e eles achavam ruim, ficavam bravos comigo. Nivaldo e José Luís me defendiam. Eu nada respondia, ficava aborrecido e envergonhado. E pensava triste:

"Por que faço isso? Por que mexo nos objetos deles? Não quero fazer essas coisas!"

Se eu era um problema para dona Carmem, ela não demonstrava. Explicava sempre aos meus colegas que sonambulismo era algo natural. E quando eu ia chorar, reclamar com ela, dizia para ter paciência que isso passava.

— Nosso plano é perfeito! — concluiu Nivaldo. — Fingimos dormir. Quando a Terezinha for para o quarto dela, Nic, fingindo estar dormindo, vai até a sala de visitas, pega as bolachas e nos traz. Comemos e ninguém desconfiará de nada.

— Isso é roubo! — opinou José Luís.

— É nada! Por que não podemos usar o sonambulismo de Nic? — perguntou Nivaldo.

Nosso plano deu certo. Levantei-me fingindo estar dormindo, peguei as bolachas e comemos nos divertindo.

Dona Carmem achou vestígios de bolachas no dormitório.

— Você, Nic, nunca antes comeu dormindo. E depois eram muitas bolachas para comer sozinho.

— É que ele nos fez comer — defendeu Nivaldo. — Nic nos chacoalhou e nos fez comer. Tivemos medo e obedecemos.

Dona Carmem olhou-nos, nada falou e saiu. Achei que ela não acreditou, mas não se importou com a nossa brincadeira tão criativa.

Dorinha era uma menina chata, não gostávamos dela. Era briguenta e fofoqueira. Tudo o que ela ficava sabendo contava para dona Carmem, especialmente o que os meninos faziam de errado.

Numa manhã, no refeitório, enquanto tomávamos o desjejum, Dorinha começou a rir de mim.

— Nic, o sonâmbulo! Levantar dormindo é coisa do demônio! Você deve ser tão mau que o demônio usa seu corpo para fazer maldades.

— Não faço maldades! — gritei nervoso.

— Roubou as bolachas! É ladrão! — continuou Dorinha, rindo.

Avancei, quis dar-lhe uns tapas, mas José Luís e Nivaldo seguraram-me.

— Não suje suas mãos batendo nessa menina feia! Diabo é você, Dorinha! Linguaruda! — gritou Nivaldo, defendendo-me.

Dona Carmem nos levou, Dorinha e eu, para a sua sala.

— Dorinha — disse nossa diretora —, você está falando muito! Não pode ofender seus colegas. E você, Nic, não pode agredir ninguém. Peçam desculpas!

Dorinha, fingida, choramingou e disse:

— Não quis ofender! Sou boazinha! Claro que me desculpo. Nic, desculpe-me!

Senti muita raiva, mas respondi:

— Desculpo e também peço desculpas.

— Pronto! Podem ir para o refeitório acabar de tomar o café! — ordenou dona Carmem.

Não consegui tomar café, engolir nada. Fomos à escola e José Luís falou enquanto caminhávamos mais afastados dos outros:

— Essa Dorinha precisa de uma lição urgente! E será você, Nic, quem a dará. Você se vingará dela por nós e por você. Linguaruda! Nivaldo e eu já planejamos tudo. Vamos dar um tempinho. Daqui uns três dias, você, fingindo dormir, irá até a Sala dos Deveres, pegará a bolsa de escola dela e rasgará seus cadernos. E como daqui a três dias é sexta-feira, dia em que Terezinha lava as roupas das meninas, no varal como sempre estará o vestido cor-de-rosa dela, de que Dorinha se gaba tanto de que foi presente da madrinha. Se você não conseguir rasgá-lo, dê vários nós. Aí, quem sabe, essa menina fica com medo do demônio que ela fala que entra no seu corpo e para de nos atormentar!

Se fosse em outra ocasião, eu me negaria, não faria isso. Mas achava que Dorinha estava de fato abusando. E lembrei-me de seu olhar fingido diante de dona Carmem e dos castigos que ela fez os garotos levarem. Aceitei. Daria uma lição em Dorinha.

José Luís, Nivaldo, e desta vez Ronaldo e Paulinho ajudaram-me. Levantei-me fingindo dormir e fui à sala que chamávamos de Sala dos Deveres, local onde fazíamos as lições da escola. Uma vez lá, abri a bolsa de Dorinha e rasguei dois de seus cadernos. Fui ao quintal direto ao varal e dei nós no vestido rosa dela. Voltei ao dormitório e fui parabenizado como herói pelos garotos. Vinguei-me dela por mim e por eles.

No outro dia, quando fomos pegar nossas bolsas para irmos à escola, Dorinha, ao ver sua bolsa aberta e seus cadernos rasgados, chorou. Aguentamos firme para não rir.

— Dorinha — falou Nivaldo sério —, você deve rezar mais! O demônio que pega o corpo de Nic não deve estar contente com você. Não deveria ser tão linguaruda! Se eu fosse você, teria mais cuidado. Não será nada agradável ver você toda rasgada como seus cadernos.

Dorinha ficou com medo e, ao ver seu vestido estragado, chorou mais ainda. Mas melhorou o seu comportamento, pelo menos parou de fuxicar sobre os meninos e nem passava perto de mim.

Rimos bastante.

Pelo menos umas três ou quatro vezes por mês eu fazia meus passeios noturnos.

Terezinha colocou uma bacia com água ao lado da minha cama.

— É nesse lugar que você coloca os pés quando sai da cama. Se você se levantar dormindo, a água o despertará.

Mas não deu certo. Tirei a bacia do lugar e levantei-me mesmo assim. Ao acordar, não me recordava de nada, nem dos meus sonhos. Até que me esforçava para lembrar, mas nunca consegui.

Numa manhã, ao acordar, Júlio César queixou-se:

— Esta noite, Nic, você quase me matou! José Luís e Nivaldo é que me acudiram.

— Eu?! Ai, meu Deus, que foi que eu fiz? — indaguei-lhe aborrecido.

— Levantei-me para ir ao banheiro — explicou Júlio César. — Quando voltei para o quarto, você se levantou da sua cama, aproximou-se de mim e pegou-me, colocando as mãos no meu pescoço. Senti muito medo, não consegui gritar, mas fiz barulho e eles me acudiram. Nivaldo puxou você e mandou que voltasse a se deitar, e você obedeceu. Todos os meninos acordaram, menos você.

— Desculpe-me, Júlio César. Por Deus, perdoe-me! — roguei com sinceridade.

— Tudo bem!

Acho que para ele realmente ficou tudo bem, mas não para mim. Fiquei alguns dias aborrecido. Fui queixar-me para dona Carmem, que conversou comigo animando-me. Ela me disse que já havia me visto muitas vezes levantar-me dormindo, e que o fazia normalmente, não com os braços erguidos, como os garotos imitavam. Somente meus olhos ficavam abertos, parados.

— Nic — contou dona Carmem —, tentei uma vez conversar com você. Perguntei-lhe aonde você ia e você me respondeu algo parecido com "senzala". Também indaguei como você se chamava, mas não consegui entender o que respondeu. Depois você falou palavras soltas, como cozinha, mingau e afastou-se. Acho que não devo perturbá-lo mais e deixar que dê seus passeios noturnos. Você não faz nada de mau, devemos esquecer esse assunto.

Resolvi atender dona Carmem e não me preocupar mais com esse fato. Gostava do orfanato; lá crescia forte, brincava, estudava, estava bem alimentado e tinha amigos.

Na adolescência, começamos a nos interessar pelas meninas e a trocar confidências sobre sexo.

A mãe de Nivaldo veio visitá-lo depois de ter ficado anos sem vê-lo. Meu amigo era bonito, forte, tinha olhos verdes. Agradou-o dando presentes; explicou que ficara doente, que passara por muitas dificuldades, por isso não tinha vindo vê-lo.

— Não acredito na minha mãe — confidenciou-nos Nivaldo. — Ela me deixou aqui para não atrapalhá-la. Criança dá trabalho. Acho, ou melhor, tenho certeza de que ela é prostituta. Está ficando velha e me vê como uma fonte de renda. Ela acha que vou sustentá-la, trabalhar para ela. Sou mais velho que vocês, vou fazer dezessete anos e vou ter mesmo de sair daqui. Então é melhor ir com ela. E se mamãe não me der o que quero, fujo e vou viajar pelo mundo.

Dois meses depois, a mãe dele veio buscá-lo. José Luís e eu choramos ao nos despedir de Nivaldo.

— Escrevo para você, prometo! — ele expressou comovido.

Senti muita falta desse companheiro, compreendi que Nivaldo nos liderava. Ele era inteligente e sempre achava soluções para nossos problemas. Ficamos, José Luís e eu, desolados.

Nivaldo, como prometera, escreveu-nos. Contou que, de fato, a mãe era prostituta, e que tinha ido morar com ela numa pensão. Na segunda carta meu amigo escreveu que fugira e que fora para uma cidade grande, e a descreveu com entusiasmo. Na terceira missiva disse que arrumara emprego de entregador, morava numa pensão e tinha muitas saudades do orfanato. Depois de cinco meses que ele partira, dona Carmem chamou José Luís e eu para irmos à sua sala.

— Recebi da polícia — disse ela séria — um comunicado, uma notícia muito triste. Encontraram Nivaldo morto! Entraram em contato conosco porque acharam cartas de vocês dois no bolso dele. Foi morto com dois tiros.

José Luís e eu choramos muito. Dona Carmem nos abraçou chorando também.

— Por quê? Por que alguém ia querer assassinar Nivaldo? A polícia sabe quem foi? — perguntou José Luís.

— Acho que Nivaldo foi enganado — opinou dona Carmen. — O trabalho que fazia era de entregador de drogas. Ingênuo, não sabia que era perigoso. A polícia não sabe quem foi que o matou. Pode ser algum policial, ladrão ou traficantes rivais para ficar com o pacote que ele ia entregar. Vamos orar por ele!

— A mãe dele é que é a culpada! Antes ser órfão que ter uma mãe como ela! — reclamou José Luís.

— Vão para o pátio, meninos! E não fiquem por muito tempo tristes — aconselhou nossa diretora.

Mas ficamos.

Daniel fez uma pausa, levantou-se e deu alguns passos pela sala. Depois de alguns segundos de silêncio, informou-me:

— *Antônio Carlos, depois que desencarnei, encontrei-me com Nivaldo. Ele contou-me que sabia o que entregava, pois esse foi o único modo que arranjou para se sustentar. Mas que foi ingênuo, pois não sabia que era perigoso. Foi socorrido logo que desencarnou. Faz pouco tempo que reencarnou e é filho de um casal que o recebeu com amor. Ele se propôs a dar valor à família e aos pais, espero que consiga.*

Daniel sentou-se, olhou para mim, sorriu e disse:

— *Vou retornar às minhas lembranças. Estou contando a você, Antônio Carlos, as vezes em que me levantei dormindo e que causei algum problema, pois na maioria das vezes dava apenas passeios noturnos sem consequências pelo orfanato. Mas, uma noite, acordei com uma gritaria. Assustei-me. Estava no meio do dormitório das meninas. Saí correndo e voltei para nosso quarto. Todos no orfanato acordaram.*

As meninas reclamaram e, pela manhã, no refeitório, me xingaram:

— Você é um sem-vergonha!

— Achamos que esse seu sonambulismo é safadeza!

— Você olhou-me de um modo estranho. Tive medo!

— Parecia que ia nos atacar! Malandro!

Ao me ver aborrecido, José Luís conversou comigo.

— Nic, você não se lembra de nada mesmo? Deve ter visto as meninas de camisola. Estavam bonitas?

— Não me lembro de nada. Estou me detestando. Por que sou sonâmbulo?

O senhor Ciro continuava indo sempre visitar o orfanato e tentava ajudar a resolver a maioria dos nossos problemas. Ofereceu-se para levar-me ao médico de uma cidade vizinha que, segundo ele, tinha uma especialização. O senhor Ciro tinha um automóvel, e viajar nele foi uma aventura muito agradável. Tive de contar inúmeras vezes para a meninada do orfanato essa viagem. O médico examinou-me e achou-me saudável; receitou calmantes que me fizeram dormir mais. Não resolveu meu problema e continuei me levantando à noite. As meninas passaram a trancar as portas de seus dormitórios.

Dias depois de ter ido ao médico, acordei em cima da caixa-d'água. Era um lugar alto e difícil de subir. Senti um medo terrível e gritei. Foi o senhor Olavo quem me achou.

— Ai, meu Deus! Que faz aí, menino? — perguntou ele lá embaixo.

— Não sei! Tire-me daqui!

— Nic, você subiu dormindo! É incrível! Como conseguiu? Não precisa responder. É melhor segurar-se e não se mexer. Vamos tirá-lo daí!

Todos queriam me ver. A meninada se levantou e foi para o pátio. Uns riam; outros se preocupavam, receando que eu caísse. E eu lá em cima, de pijama, com frio, segurando firme sem me mexer, com medo de cair. O senhor Olavo, a pedido de dona Carmem, foi procurar ajuda. Uns pintores vieram com suas escadas longas e conseguiram me tirar de lá depois de duas horas.

Terezinha levou-me para tomar um banho quente, que me aqueceu, e deu-me leite morno. Chorei muito. Não queria ser sonâmbulo.

Fizemos muitas simpatias, tudo o que nos ensinavam. O padre me benzeu, tomei remédios, chás de ervas e nada. Continuei com o meu sonambulismo.

O senhor Olavo dormia numa casinha no quintal do orfanato. Um dia me disse:

— Nic, você tem andado por aqui, pelo quintal e pelo pátio. Acho até que já saiu para a rua.

Nós, os garotos com mais idade, sabíamos sair do orfanato. Tínhamos dois locais por onde saíamos facilmente. Um deles era só subir num abacateiro e, por um galho, ir ao muro. De lá pulávamos e estávamos na rua. Outro jeito era por um portão- zinho. O senhor Olavo tinha a chave, mas nós sabíamos onde ele a guardava.

— Senhor Olavo, como eu ando? Que faço por aqui? Conte-me — pedi.

— Você anda quase sempre devagar, mas às vezes depressa, tão rápido que dá a impressão de que quer se esconder. Passa pela gente e parece não nos ver. Já vi você andando com os olhos fechados e também abertos.

— Você tem medo de mim? — perguntei.

— Não, porque dona Carmem explicou-me o que acontece com você. Mas, se ela não tivesse dito, teria medo. Estou preocupado com você, garoto. Será que você não é capaz de fazer algo errado?

— Deus me livre! — clamei.

— Você faz tantas coisas!

José Luís e eu descobrimos que o senhor Olavo gostava de ficar escondido olhando para as meninas maiores. Não confiávamos nele e até o vigiávamos. Mas nada mais vimos.

— Nic — disse José Luís —, tenho medo de sair daqui do orfanato! Não conheço outro lar. Quando fizermos dezoito anos, teremos de ir embora. Mas para onde? Fazer o quê?

— Arrumaremos empregos, namoraremos e casaremos — respondi esperançoso.

— Deveríamos aprender uma profissão. Como iremos arrumar emprego se não sabemos fazer nada? — indagou José Luís, preocupado.

Resolvemos falar com dona Carmem. Ela elogiou-nos, disse que essas nossas preocupações eram sinais de que já tínhamos juízo e que ia conversar com o senhor Ciro. E esse senhor, como sempre, achou a solução, arrumando com os comerciantes e as oficinas locais estágios em que pudéssemos aprender a trabalhar.

José Luís e eu estudávamos pela manhã e à tarde íamos a uma marcenaria. Meu amigo gostou muito de lidar com a madeira; aprendeu rápido, era habilidoso. Eu tinha mais dificuldade.

Saindo mais do orfanato, começamos a ver a vida fora dele. Passamos a olhar as meninas de modo diferente, achando-as bonitas e interessantes. Muitas garotas também saíram para aprender a trabalhar — como domésticas e vendedoras em lojas.

O proprietário da marcenaria pagou-nos. Era pouco, mas foi meu primeiro dinheiro. Comprei presentes: para dona Carmem, Terezinha, Soninha, para quatro funcionários, e um canivete para o senhor Olavo.

Como fiquei feliz em dar presentes!

CAPÍTULO 5

ACONTECIMENTOS TRÁGICOS

— *Porém, Antônio Carlos, os anos sossegados terminaram* — lastimou Daniel mudando a expressão.

Na escola, a garotada falava com medo. Um tarado estava à solta. Houve muitos comentários sobre o assunto.

— Alguém viu um homem claro de pijama correr pela Rua do Ouvidor.

— A mocinha que morreu chamava-se Iza. Era bonita, tinha dezesseis anos.

— Foi encontrada morta na quinta-feira, sem roupas, num bueiro da cidade. Dizem que foi assassinada de madrugada.

— O que uma mocinha estava fazendo na rua à noite? — perguntou José Luís.

— Era uma garota de programa — respondeu um colega.

Quatro dias depois acharam outra mocinha em um matagal, morta do mesmo modo. No orfanato, na marcenaria, na escola, não se falava de outro assunto.

— Já morreu faz mais de trinta dias!

— Tiveram certeza de que era Maria Tereza pela pulseira que usava e pela mala de roupas que estava ao lado do corpo.

Maria Tereza era uma moça de vinte anos que trabalhava na cidade próxima. A família morava num sítio perto da cidade. Ela viera passear, visitar a família; ficara uns dias no sítio e depois fora embora. Foi a pé até a cidade, onde pegaria o ônibus para a outra cidade em que trabalhava. Era empregada doméstica.

Os pais acharam que ela estava no emprego, onde morava. Como Maria Tereza não regressou na data certa, seus patrões esperaram uns dias, depois escreveram para o sítio perguntando o porquê de ela não ter voltado ao trabalho. Os pais, então, pensaram que a filha fugira com o namorado, que morava na cidade em que ela trabalhava. Mas, quando o moço apareceu desesperado à procura dela, os pais se preocuparam, foram à polícia e aí começaram as investigações. Souberam que Maria Tereza não chegara à cidade nem pegara o ônibus. Começaram a procurá-la e encontraram-na morta, sem roupas, fora estuprada.

Fiquei chocado, ficava triste ao saber de qualquer violência. As meninas do orfanato estavam com muito medo, não ficavam sozinhas. Terezinha foi dormir com as garotas maiores.

Ao irmos à marcenaria, passávamos por uma casa que tinha um quintal enorme. Da rua víamos as árvores frutíferas.

— A laranjeira está carregada! Vamos pedir algumas laranjas para a mulher que mora aí? — disse José Luís.

Pedimos e a mulher deu uma laranja para cada um de nós. Agradecemos e fomos embora.

— Essa mulher merece que a roubemos! — opinou José Luís.

— Na volta, podemos pular o muro e pegar algumas frutas — sugeri.

E assim fizemos. Nos galhos da laranjeira, arranhei o peito, os braços e o rosto. Não comentei isso com José Luís. Ao tomar banho, vi os arranhões. Estava cansado e fui dormir mais cedo.

Acordei com Terezinha chacoalhando-me.

— Acorde, Nic! Dona Carmem quer falar com você!

O que se passou depois foi um pesadelo. Não consegui entender nada. Tonto de sono, fui para a sala da diretoria puxado por Terezinha. Dona Carmem estava muito preocupada e indagou-me:

— Você não se lembra mesmo, Nic, do que faz dormindo? Não tem nenhuma lembrança?

— Não, senhora. Que fiz desta vez? — perguntei preocupado.

— Algo grave! O delegado está aqui, quer falar com você. Três policiais estão vasculhando o orfanato. Nic, estão acusando você de ter cometido esses crimes. Esta noite mataram mais uma garota. Ela estava desaparecida desde ontem à tarde. Não voltou para casa depois das aulas. Acharam-na morta numa casinha abandonada perto de uma estrada. Estava como as outras, sem as roupas. Foi estuprada e morta por estrangulamento.

— Por que acham que fui eu?! Juro que não fui! — falei gaguejando apavorado.

— Porque você é sonâmbulo! E porque foi visto um homem de pijama, que dizem ser parecido com os que vocês usam, correndo aqui perto na noite em que Iza foi morta.

O delegado entrou na sala e examinou-me; senti um medo terrível, um frio na barriga. Ele pegou meus braços, abriu meu pijama, olhou meu peito. Depois falou para dona Carmem:

— Meus homens encontraram escondido no quintal do orfanato, perto do muro, um pijama sujo de sangue. Você, Nic, está com uns arranhões. O que aconteceu?

— Arranhei-me na árvore! — respondi baixinho.

— Ou a mocinha tentando se defender arranhou você? Conte essa história direito!

Queria que fosse um sonho; queria acordar daquele pesadelo. Dona Carmem, chorando, pediu para o delegado não me levar preso. Ele ordenou que pegassem uma roupa minha e Terezinha o atendeu. Mandou que eu me trocasse e me levou preso. Entrei num carro e fiquei entre dois policiais.

Na cadeia, fui levado a uma sala. O delegado mandou que me sentasse e ordenou:

— É melhor falar toda a verdade! Como você matou as moças? Por quê? Para estuprá-las, não foi?

— Eu não matei!

Recebi dois tapas, um em cada lado do rosto. Tonteei, quase caí da cadeira, o sangue veio à boca.

— Delegado, é melhor não marcá-lo com pancadas. Ele é menor de idade e não sabemos se foi ele! — aconselhou um policial.

— Tenho certeza de que foi ele! — afirmou o delegado. — Mas você tem razão. A diretora do orfanato, aquela dona

Carmem, é capaz de vir aqui defender esse monstro assassino. Diga que foi você, Nic, e não lhe bateremos mais.

— Não fui eu! Não sou assassino! Por favor, por Deus, acreditem em mim! — gritei.

— Como põe Deus em histórias sujas? Matou e depois pede por Deus! Será que suas vítimas também não pediram clemência em nome de Deus? — expressou o delegado.

Com um sinal de cabeça, dois policiais me pegaram pelos braços, levantaram-me e levei uma surra de bastão de borracha.

— Fale! Confesse! — gritava o delegado.

Não sabia o que falar, pedi e supliquei. Acho que o delegado cansou, parou e mandou que me levassem. Fui conduzido e deixado numa cela pequena, onde fiquei sozinho, todo dolorido e apavorado.

As outras celas, onde trancafiavam muitos detentos, eram maiores. Eles conversavam, riam e me ofendiam. Foi servido o almoço deles, não me deram nada, mas não estava com fome. Apavorava-me quando via um policial.

De repente, a cela se abriu, e o senhor Ciro entrou. Joguei-me nos seus braços, chorando.

— Senhor Ciro, por Deus, ajude-me!

— Estou aqui para isso, Nic!

Assobios e vaias. Os presos riram ao ver aquele ato de desespero. Porque, apavorado como estava, ao ver uma pessoa que sempre ajudou o orfanato, conhecida, abracei-a como se fosse uma tábua para um náufrago. O senhor Ciro afastou-me com delicadeza.

— Isso aqui é um horror! Ai do delegado se deixar você ficar na cela com esses assassinos! Carmem procurou-me pedindo auxílio. Vim com um advogado, que está falando com o delegado. Eles bateram em você?

O senhor Ciro falava depressa, olhou-me, afirmei com a cabeça e ele continuou a falar:

— Sou amigo íntimo do juiz, vou falar agora mesmo com ele. Fique calmo, Nic, vou resolver isso. E não dê confiança a esses presos nem converse com eles.

Deu um sinal, um policial abriu a cela. Quis segurá-lo para que não me deixasse sozinho, mas fiquei parado, olhando-o sair, sentindo um medo terrível.

— Toma aqui, Nic! Mandaram do orfanato comida e roupas para você. Nada como ter uma pessoa importante para ajudar — comentou o guarda. — O senhor Ciro não quer que você seja mais interrogado, nem que o maltratem!

Assustei-me, mas peguei as duas sacolas. Numa havia uma marmita, na outra, algumas roupas minhas. Comi sem vontade.

Ao ver o senhor Ciro novamente, meu coração disparou aliviado. Ele voltava com um senhor muito bem-vestido.

— Nic, este é o juiz da cidade. Doutor Mário — disse o senhor Ciro para o homem —, este é o preso de que lhe falei. Compadeça-se deste garoto, que foi abandonado no orfanato, tem somente dezesseis anos, embora vá completar dezessete daqui a dois meses. Sei que as evidências são contra ele. Embora achando que seja culpado, ele assassinou as moças dormindo. Tem de receber um tratamento, não castigo. Transfira-o antes que seja linchado ou que os policiais o castiguem.

O juiz olhou-me demoradamente; depois me indagou:

— Você se lembra de alguma coisa?

— Não, senhor — respondi.

— Você se acha culpado?

— Não, senhor.

— Ciro — concluiu o juiz —, pela minha experiência, parece que este jovem não mente. Vou mandá-lo para o sanatório. Lá os médicos irão analisá-lo para dar o diagnóstico se está ou não doente.

— Obrigado, Mário! — agradeceu o senhor Ciro.

— O que você não faz pela Carmem, hein, Ciro? — expressou o juiz sorrindo.

— Faço pelo orfanato e pelos órfãos — afirmou o senhor Ciro.

— Você é um sujeito bondoso! — elogiou o juiz. — Ajudará com essas suas atitudes seu filho na política. Vou comunicar ao delegado a minha decisão e ordenar que Nic fique numa cela sozinho e que não seja molestado.

— Obrigado, Mário — o senhor Ciro agradeceu novamente.

O juiz foi embora e o senhor Ciro ficou conversando comigo:

— Nic, não se desespere. Estou tentando ajudá-lo. Você irá para um hospital.

— Um sanatório de loucos? Mas não estou doente! — exclamei indignado.

— Como não? Está doente sim, é bom que acredite nisso e, lá no hospital, peça e queira se tratar. É melhor você ir para longe desta cidade. As famílias das vítimas querem fazer justiça. E você não pode ficar nesta cadeia. Se esses presos o pegam...

— O senhor acha que sou culpado? — perguntei.

— Acho! Muitos fatos vieram ao conhecimento do delegado. Que você fingia estar dormindo para roubar bolachas, alimentos na cozinha, para dar nós na roupa de uma interna. Que estava muito interessado nas meninas. Um colega de quarto contou que você quis matá-lo apertando seu pescoço. E foi achado um pijama sujo de sangue no quintal do orfanato. Ficamos sabendo também que os meninos maiores, principalmente José Luís, o finado Nivaldo e você saíam do orfanato com muita facilidade. Depois, você tem arranhões pelo corpo. José Luís confirmou sua versão, que foram roubar frutas, mas que não viu seus arranhões. Você, Nic, é sonâmbulo, pode ter assassinado essas mulheres dormindo ou fingindo dormir. Ninguém tem dúvidas de que foi você.

— Não fui eu! Juro que não! — roguei. Queria que pelo menos ele acreditasse em mim.

— Você não se lembra mesmo? Será que realmente estava dormindo? Se for isso, precisa mesmo de tratamento!

Foi embora e fiquei desesperado.

"Não fui eu! Não pode ter sido eu!" — pensei.

Que angústia! Eu estava na cela sozinho graças ao senhor Ciro, porque os presos estavam com muita vontade de me pegar. Ameaçavam-me rindo.

— Não vou dormir! Não posso dormir!

À noite, os presos sossegaram. Escutei-os roncarem e res-sonarem. Sentia dores físicas, mas as morais e o medo eram maiores. Cansado, triste e infeliz, acabei dormindo.

Acordei com barulho, de manhã. O guarda me deu café com um pãozinho e comentou:

— Nic, você tem sorte. O juiz mandou transferi-lo para um hospital, um sanatório psiquiátrico. Dizem que você é doente!

— Você não para mesmo! Acordei à noite e vi você andan-do dormindo. Seus olhos estavam parados! Deve ser verdade, matou dormindo. Que desculpa! Por que não pensei nisso? — debochou um preso.

Eu soube que iria partir no outro dia, pela manhã. Dona Carmem veio trazer meu almoço e despedir-se de mim. Choramos abraçados.

— A senhora acha que fui eu? — perguntei.

— Não sei, Nic, quero acreditar que não foi, mas... Talvez se eu tivesse cuidado mais de você. Se você for doente, necessita tratar-se.

Foi uma despedida muito triste. Ela foi embora chorando e eu senti uma dor tão forte que parecia que meu peito ia estourar.

Pedi para falar com o delegado, o guarda comunicou meu pedido e ele mandou que me levassem para a sala em que fui interrogado.

— Então quer falar comigo? Vai confessar seus crimes? — indagou o delegado.

— Senhor, não fui eu! Se me levanto dormindo, como posso ter ido à tarde encontrar com Maria Tereza, a primeira vítima?

— Isso você responderia se pudesse falar, mas o senhor Ciro arrumou um advogado e o juiz me proibiu de interrogá-lo. Acho que você cortejava essas mocinhas, deve ter marcado encontro com elas à noite, e as coitadas o esperaram no mato. Foi encontrado ao lado do corpo de uma delas um pedaço do tecido do seu pijama.

— Como sabe que era do meu pijama?

— Só pode ter sido você! — gritou o delegado.

— Essa última moça que morreu sumiu à tarde, e nesse horário eu estava na marcenaria e não fiquei sozinho — tentei explicar.

— Isso é verdade! Com certeza você foi à noite onde ela estava esperando-o e a matou.

— Como eu a levei para lá? — perguntei.

— Você é quem tem de nos dar as respostas! Você a estava namorando? Muitas pessoas viram essa mocinha passar em frente do local em que você trabalhava e repararam que você a olhava, cobiçando-a.

— Olhava como fazia com todas as mocinhas, achando-as bonitas. Foi somente isso.

— Você não me engana! — exaltou-se o delegado falando em um tom de voz alto, e ele estava furioso. — Fingia ser sonâmbulo para tentar esconder seus crimes. Queria as meninas e as matou. Mas não se alegre, pois para onde irá não será agradável. Terá o castigo que merece!

— Sou inocente! — afirmei.

— Cale a boca! — gritou o delegado, batendo com a mão na mesa. — Senão esqueço a ordem do juiz e lhe dou uma surra! Volte para sua cela! Guarda, trancafie esse monstro!

Não sei como pude falar isso tudo. Acho que foi pelo desespero de ser acusado de algo que não fiz ou que não me lembrava de ter feito. O guarda me puxou e voltei para a cela. Não queria acreditar que isso estava acontecendo comigo! Nada disto devia ser verdade!

À tarde, José Luís veio me ver.

— Oi, Nic!

— Oi, José Luís! Como deixaram você entrar aqui?

— O dono da marcenaria me trouxe. Aproveitando que o delegado saiu, ele pediu a um guarda que é amigo dele para me deixar entrar. Como está você?

— Muito mal, apavorado, desesperado — respondi, chorando. Os outros detentos vaiaram e riram.

— Estou com medo deles — falei baixinho. — Querem pegar-me. José Luís, você sabe que não matei ninguém. Pelo menos você acredita em mim, não é?

— Acredito! — afirmou meu amigo. — Falei para eles que você é inocente, mas também não acreditam em mim. Tive medo do delegado. Ele foi ontem à tardinha no orfanato interrogar-nos. Aquele safado do Júlio César disse que você quase o matou apertando o pescoço dele. Nunca ouvi tanto falatório! Ainda bem que dona Carmem acompanhou o delegado nos interrogatórios. Por ser seu amigo, a polícia insinuou que participei também desses assassinatos. Apavorei-me! Jurei que você realmente se levantava dormindo, que fizemos algumas brincadeiras, mas que de fato era sonâmbulo. Nic, perto do cadáver dessa última moça assassinada encontraram o canivete que você deu para o senhor Olavo.

— Então foi ele! — exclamei esperançoso.

— Também acho — afirmou José Luís —, mas não pude dar minha opinião. Quando o delegado comentou que foi achado o canivete, ele mesmo concluiu que você devia ter comprado dois. Dona Carmem disse que isso era fácil de saber, que era só perguntar ao dono da loja. Interrogado, o senhor Olavo falou que o canivete dele havia sumido. Conversando com os meninos, a polícia ficou sabendo que mexíamos nos objetos do senhor Olavo, que pegávamos a chave do portãozinho, por isso concluíram que pegamos outras coisas. O senhor Olavo acusou-o, disse que o achava culpado, que sempre desconfiou de você por ser muito estranho. Velho safado! É ele quem está sempre olhando as meninas! Mesmo com medo, defendi você, contei ao delegado que achava que o senhor Olavo era o assassino. Dona Carmem o defendeu. Mandou que me calasse e disse para o delegado que não poderia ter sido seu empregado, uma pessoa de confiança, que trabalhava havia mais de vinte anos no orfanato. Quando ficamos sozinhos, dona Carmem confidenciou-me:

— José Luís, também quero acreditar que não foi Nic, mas não foi Olavo. Ele, por um acidente, é impotente, não consegue ter relações sexuais, entendeu? Não o acuse mais!

— Não acredito nisso! — exclamei.

— Nem eu! Para mim o senhor Olavo inventou tudo isso para despistar. O delegado bateu em você? Pensei que ele ia me bater quando me fez perguntas.

Contei o que aconteceu.

— Que horror! — indignou-se José Luís. — Você foi corajoso indo falar com o delegado. Ainda bem que temos o senhor Ciro! Se não fosse ele, o que seria de você, meu amigo? O melhor é você ir para esse hospital e fazer um tratamento. Talvez você melhore!

— É um alívio você acreditar em mim. Nunca menti para você — disse.

— Sei que você não está mentindo, Nic! Mas estão falando que você matou dormindo e que não se lembra.

— Não posso ter feito isso! Não posso!

— Vá e se cure, amigo.

— Obrigado! — falei baixinho.

— Acho, Nic, que ficarei marcado para sempre por ser seu amigo! — comentou José Luís, desolado.

Abraçamo-nos e ele foi embora.

Chorei e escutei os comentários dos outros presos e dos policiais:

— O monstro mata e chora!

— Como queria pegá-lo e castigá-lo!

Embora com medo, não me importei com os comentários e chorei até cansar. Sofri muito, estava exausto, desesperado e com dores. À noite, temi dormir, mas acabei adormecendo.

CAPÍTULO 6

O SANATÓRIO

Acordei de manhã com o guarda trazendo-me o café. Tomei-o devagar, pensando como seria o hospital para onde me levariam e como seria tratado. Se o delegado falou que iria sofrer, certamente o sanatório era um lugar horrível.

— Nic!

Era o senhor Ciro. O guarda abriu a cela e ele entrou com uma mala.

— Carmem colocou aqui tudo o que é seu. Não se esqueça de colocar nessa mala as roupas que vieram ontem. Partirá às dez horas.

— Senhor Ciro, sou inocente. Não fiz nada do que me acusam. Por favor, não tem como eu ficar na cidade e voltar para o orfanato?

— Nic, as evidências apontam para você. Tudo nos leva a acreditar que você cometeu esses crimes. Se não está fingindo, cometeu-os dormindo. Você não pode ficar livre, senão matará de novo. E não posso pedir para deixá-lo aqui. Esta cela era ocupada por outros e, para que ficasse sozinho, eles foram para outras celas, com outros prisioneiros, mas deverão voltar. Se você ficar com outros detentos, eles o maltratarão. Para onde irá, os internos são doentes e não lhe farão mal. Vou acompanhá-lo até a estação. Paguei as passagens para transferi-lo rápido.

O senhor Ciro saiu da cela, ouvi-o conversar com o delegado. Arrumei meus pertences. O guarda veio buscar-me. Colocaram as algemas nos meus pulsos. Entramos no automóvel do senhor Ciro. Ele pediu que me abaixasse para que ninguém na cidade me visse sair. O trajeto foi rápido; quase correndo atravessamos a estação ferroviária e entramos no trem. O senhor Ciro ficou parado, olhando-me, eu somente consegui dizer:

— Obrigado!

Eu estava muito triste e esse sentimento doía-me no peito. Colocaram-me sentado num banco, algemado, no meio de dois soldados. A viagem foi monótona. Quando chegamos à estação de uma outra cidade, pegamos um carro que já estava nos esperando e fomos para o sanatório. Era de tarde, estava frio e nublado, e, de cabeça baixa, não me interessei em ver nada.

Paramos diante de um prédio grande e fechado. O portão se abriu, entramos. Fomos até uma sala, onde sentamo-nos e nos ofereceram água. Um senhor leu os papéis que um dos policiais lhe dera, pediu para me tirarem as algemas, e dispensou-os e me disse:

— Daniel, sou o enfermeiro Antônio. Venha comigo!

Atravessei os corredores como se me arrastasse.

— Aqui é o quarto em que ficará. Sabe usar o banheiro? Sim? Então tome um banho e coloque outra roupa sua. Aqui temos uniformes, mas, como estes são poucos e alguns doentes trazem roupas, eles vestem o que têm. Você tem agasalho? Está muito frio; se não tiver, peça-me que lhe arrumo um. Trarei uma sopa quentinha para você.

Tomei um banho quente, troquei de roupa e tomei a sopa. Senti-me melhor. Fui para o dormitório, que era parecido com os do orfanato, mas que tinha mais leitos. Deitei-me na cama que Antônio me indicou. Estava cansado. Observei o local. A pintura era velha, como o mobiliário; e as camas, feias.

— Oi! Sou José!

— Eu sou Geraldo! Como se chama?

Respondi com monossílabos. O dormitório era ocupado por homens e achei-os estranhos.

"São doentes" — pensei.

Arrumaram-se para dormir. Antônio veio e foi dando remédio para todos. Deu-me um comprimido e ordenou:

— Tome, Daniel. Com este remédio deverá dormir melhor. Amanhã o médico o examinará.

Tomei e dormi.

No outro dia, após o desjejum, um enfermeiro conduziu-me a uma sala onde um médico já idoso me cumprimentou:

— Sou o doutor Estevo, bom dia! Daniel, você é sonâmbulo! Levantou-se esta noite e andou pelo quarto, apavorando seus companheiros.

Nisso, um enfermeiro entrou na sala e os dois me ignoraram — ficaram conversando sobre mim:

— Ele é acusado de assassinar três moças. Está aqui no relatório que o juiz nos mandou. Esta noite levantou-se e andou pelo quarto. O enfermeiro Antônio não conseguiu acordá-lo. Pode ser perigoso!

— Sonâmbulo normalmente não acorda fácil — explicou o médico. — E não acredito que alguém mate em estado sonambúlico.

— Então ele finge muito bem! — comentou o enfermeiro.

— Vou tratar dele! É um caso novo e digno de estudo. Pode sair, vou examiná-lo.

O enfermeiro saiu. O doutor Estevo olhou-me, sorriu e indagou:

— Sente alguma coisa de diferente? Dor?

— Tenho dores pelo corpo, o delegado me bateu — respondi.

— Essas dores passam. Para melhor tratá-lo, você não pode mentir para mim. Sou médico e vou curá-lo!

— Sim, senhor. Falarei a verdade. Também quero curar-me — expressei esperançoso.

— Isso é bom, a vontade interfere no tratamento.

O doutor Estevo me fez várias perguntas, examinou-me e concluiu:

— Seu corpo está saudável! Um pouco magro, mas nada que uma alimentação adequada não resolva. Por hoje é só. Vou receitar uns medicamentos.

O remédio me deixou prostrado; ficava somente deitado e meu sono era estranho. Acordava com alguém me chacoalhando para que me alimentasse. Sentia-me muito mal. Queria raciocinar, levantar, andar e não conseguia. Mas levantei-me dormindo. Antes de tomar o remédio, fui conduzido à sala do médico.

— Doutor Estevo — pedi —, por favor, não quero ficar assim, só dormindo.

— Mesmo tomando esses remédios, você tem se levantado dormindo. É incrível! Piorou com o estresse, com todas essas mudanças!

— Doutor, por favor, por que o senhor não me deixa trancado? Vi uns quartinhos perto do dormitório.

— Você quer ficar trancado? — perguntou o médico. — Aqueles quartos são para pacientes perigosos.

— Quero ficar lá apenas à noite, para dormir. Por favor! — roguei-lhe.

— Está bem, vou suspender sua medicação. Vou ter de conversar com você para saber que doença tem para depois tratá-lo. Vou pedir para arrumarem um daqueles quartinhos e você dormirá trancado. Acho que é o melhor a fazer. Assim você não assustará mais os doentes.

— Obrigado!

Perto dos dormitórios havia um corredor com cinco quartos pequenos com grades nas janelas. Antônio arrumou um para mim; ele tinha um armário e uma cama. Coloquei com dificuldade meus pertences no armário e fui dormir. Sem os remédios, dois dias depois estava bem.

Percebi que os doentes levavam uma vida muito monótona. Havia horários para tudo: dormir, acordar, alimentar-se, tomar banho e ir para o pátio. Achei-os estranhos e às vezes tinha medo de alguns deles.

"São doentes, e se eu não estiver, vou ficar!" — pensava.

Vi um doente usando a minha roupa e reclamei para Antônio.

— Aqui é difícil saber o que é de quem. Só tem um jeito de não misturar suas roupas: se você mesmo as lavar.

Como estava me sentindo bem, fui lavar minhas roupas. No sanatório, não se passavam as roupas — nós as vestíamos amarrotadas. A alimentação não era boa, a maioria dos alimentos eram doados. Não era um lugar de muita higiene. Existia espaço para fazer uma horta, mas nada estava plantado. Havia poucos funcionários e muito trabalho. Conversei com o doutor Estevo sobre isso.

— Acho que algumas tarefas para os internos serão como uma terapia. Vou conversar com o prefeito da cidade sobre isso, talvez ele nos ajude — decidiu o médico.

Dois dias depois, dois homens, empregados da prefeitura, vieram com ferramentas e mudas. Ofereci-me para ajudar e outros internos também. Somente usávamos as ferramentas com os empregados por perto, vigiando-nos. Algumas mulheres internas passaram a ajudar na limpeza e na cozinha, melhorando a higiene. A horta logo ficou bonita e tivemos mais opções nas refeições.

Também pedi tintas para pintar o sanatório. Vieram outros homens e pintamos o prédio, melhorando seu aspecto. E muitos internos sentiram-se melhor com a terapia do trabalho, como dizia o doutor Estevo.

Não recebi nenhuma notícia do orfanato, escrevi cartas para dona Carmem e José Luís, mas não obtive respostas. Desconfiei que o secretário do sanatório não as colocava no correio, porque eu não tinha dinheiro para os selos.

"Mas" — pensava sentido — "eles poderiam escrever-me, mandar selos! Será que acreditam que sou assassino e não querem mais manter nenhum contato comigo?"

Ficava lembrando do dia a dia no orfanato, se estivesse lá, o que estaria fazendo... A saudade doía!

O doutor Estevo, no começo, conversava comigo uma vez por semana; depois, essas consultas foram escasseando, pois eram muitos doentes para um único médico. Ele fazia muitas perguntas sobre minha infância, o orfanato, sobre os crimes, como eu dormia, e se realmente não me lembrava de nada dos meus sonhos.

Continuei me levantando dormindo. Todas as noites o enfermeiro de plantão trancava a porta do meu quarto e somente a abria de manhã. Sabia que continuava sonâmbulo porque mexia nas roupas do armário, trocava de roupa, acordava no chão, e uma vez o fiz dentro do armário. Certa vez, acordei com os dedos machucados. Percebi que tentara desparafusar os parafusos da janela.

Numa manhã, o enfermeiro destrancou a porta do meu quarto. Ele disse que o fez como de costume, e que eu respondi ao seu cumprimento. Mas não acordei e levantei-me dormindo. De pijama, fui para a portaria e quase saí do prédio. O porteiro gritou comigo, chacoalhou-me. Acordei apavorado, empurrei-o e ele caiu. Fiquei confuso, envergonhado, pedi desculpas ao porteiro. O doutor Estevo veio depois conversar comigo.

— Que aconteceu, Daniel?

— Não acordei quando o enfermeiro abriu meu quarto e levantei-me dormindo. Quando finalmente acordei, estava confuso; durante alguns minutos não sabia quem era nem onde estava. Foi horrível!

— Isso acontece com os sonâmbulos quando são acordados. Sentem-se confusos e podem agredir, achando-se atacados.

— Não é perigoso acordar sonâmbulos quando eles estão andando? — perguntei.

— Não é perigoso — explicou doutor Estevo. — O que pode acontecer é eles ficarem apavorados e agredir, como você fez. Se o porteiro tivesse falado com você normalmente, pedindo para que voltasse a se deitar, certamente você o teria obedecido.

— Vou ser castigado? — indaguei com medo.

— Não, pode ir.

Os internos indisciplinados eram castigados com medicações mais fortes ou ficavam trancados nos quartinhos; isso quando não tomavam choques que diziam acalmá-los. Todos os internos temiam os castigos que, para o doutor Estevo, eram tratamento, pois no momento não havia outras terapias.

O enfermeiro que me acordava passou a abrir a porta, olhar-me e pedir que eu respondesse se estava acordado, conforme orientação do doutor Estevo.

Pedi ao médico que me deixasse ler. Ele não só permitiu como me trouxe livros e revistas. Eu gostava dos romances, emocionava-me com as histórias, sorria e chorava ao lê-los.

Numa das conversas com o doutor Estevo, ele me confessou:

— Daniel, não sei como tratá-lo. Aparentemente você é sadio.

— Por que me levanto à noite dormindo?

— A ciência ainda não nos dá uma explicação convincente. Não acredito que você tenha matado dormindo. Não há registros de sonâmbulos que tenham se suicidado ou assassinado. Acho que teria acordado ao usar de violência.

— Doutor, eu falo a verdade, não minto, não finjo!

— Daniel, você pode ser doente, ter duas personalidades, ter matado e esquecido. Você não finge, esquece!

— Meu Deus! Isso é muito triste! Não quero ser um assassino! — lamentei chorando.

— Não se desespere! Ainda não consegui diagnosticar seu problema. Não sei o que aconteceu. Pelo que está escrito no relatório que o juiz nos mandou, eles não têm dúvida de que foi você quem assassinou aquelas moças. E você tem um histórico: sua mãe morreu e você sentiu muito essa perda; seu pai deu seus irmãos; sua madrasta o maltratou; o abandono do seu genitor, que o deixou no orfanato. O pior foi a violência que sofreu sendo estuprado pelos moços da fazenda. Na adolescência, cobiçou as garotas e, como não sabia conquistá-las, você usou da força de sua outra personalidade.

— Se fiz tudo isso, por que não me lembro? — indaguei.

— Porque você é doente e vamos tratá-lo e curá-lo.

"Se não faço tratamento nenhum, como vou melhorar?" — pensei, mas temendo os tratamentos usados ali, não ousei comentar.

— Quando vou sair daqui? — perguntei.

— Não sei, quando acharmos que está curado. Você não é um doente comum, é acusado de assassinato!

Passei o resto do dia no meu quarto, chorando. Concluí que nunca iria sair do sanatório. Pensei então em fugir. Era difícil sair dali, o prédio era todo cercado de muros altos, sem árvores por perto, apenas se entrava ou saía pela portaria, que era vigiada. Depois, o castigo era terrível para os que tentavam. E para onde ir se não tinha nenhum centavo?

Distraía-me com os livros e aprendi muito com eles. Sentia falta de conversar. O doutor Estevo quase não conversava mais comigo. Os enfermeiros estavam sempre ocupados, e os internos eram doentes.

O hospital em que estava internado atendia enfermos que pagavam pelo tratamento; outros como eu recebiam atendimento gratuito. Certa vez foi internado no sanatório um senhor que, conforme me disseram, matou a neta de treze anos. Deram a ele muitos medicamentos que o fizeram ficar dormindo. Senti muita pena ao vê-lo.

— Não parece criminoso! — opinei.

— Quem tem cara de criminoso? — perguntou o enfermeiro Antônio.

Passaram-se uns dias; diminuíram a dosagem dos remédios e ele ficou mais desperto. Conversei com ele. Para mim, não era doente. O doutor Estevo diagnosticou que ele matou em um surto de loucura. Passamos a conversar e um dia ele me confidenciou:

— Daniel, não matei minha neta, amava-a muito. Não é possível matar e esquecer. Não posso tê-la assassinado e esquecido!

O senhor José, esse era seu nome, tinha alguns bens, viúvo e teve dois filhos, um casal. O filho e a nora desencarnaram jovens, num acidente, deixando uma filha recém-nascida, a neta, que ele e a esposa criaram. Sua filha casou-se e lhe deu três netos. A esposa dele desencarnara fazia três anos, depois de muito tempo doente. Numa manhã, acordou assustado com os gritos da empregada e, ao se levantar, viu que estava com as roupas de dormir ensanguentadas. E foi encontrado assim, atordoado e sujo de sangue. Soube então que sua neta fora esfaqueada na cama dela, e a faca, o instrumento do crime, estava com ele, na cama dele. O desespero foi enorme, foi tachado de louco e internado no sanatório. Na mansão, naquela noite, estavam somente os dois, a neta e ele. A casa não fora arrombada nem roubada.

Tive muita pena dele, e ele, de mim.

— Acho que somos assassinos sem querer — concluí.

— Não é possível! Se fiz isso, sou um monstro! — queixou-se o senhor José.

Nosso sentimento era o mesmo.

Um enfermeiro foi contratado. Achei-o esquisito, mas não tínhamos nada a reclamar dele. Era ele quem estava de plantão naquela noite e me trancou. Como estava sem sono, fiquei orando. De repente, vi-me no corredor; fui até o dormitório do senhor José e vi o enfermeiro colocar um pozinho incolor no copo de água que estava na cabeceira do leito do meu amigo. Em seguida, deu o copo e um comprimido para o senhor José tomar. Senti que ele não deveria tomar. Apavorei-me, quis gritar, bater no braço do enfermeiro, mas não consegui.

Estava de novo no meu quartinho. Levei um susto, não entendi o que me aconteceu. Senti que algo ruim ia acontecer com o senhor José. Bati na porta desesperado, chamando o enfermeiro. Ninguém me atendeu. Cansado, adormeci. No outro dia, Antônio, ao abrir a porta, deu-me a notícia:

— Daniel, o senhor José morreu esta noite.

— De quê? — perguntei entristecido.

O SONÂMBULO

— Achamos que foi do coração. Quer vê-lo? A família já foi avisada, e a filha virá buscar o corpo agora de manhã.

— Antônio, se eu batesse na porta, você escutaria se estivesse de plantão?

— Escutaria e não daria atenção, pois você normalmente faz barulho no seu quarto — contou ele.

Resolvi não falar nada do que vira; não saberia como explicar o ocorrido. Como eu poderia ter visto algo se estava preso? E não adiantaria mais, pois o senhor José morrera. Um mês depois, o enfermeiro suspeito demitiu-se.

Nunca me esqueci desse acontecimento. Quando desencarnei, já estando bem, recebi a visita do senhor José. Pedi-lhe que me contasse o que acontecera e ele me atendeu:

— Não fui boa pessoa encarnado; enriqueci de maneira desonesta e com o sacrifício de muitos. Fui cruel tomando bens de pessoas que me deviam dinheiro. Quando meu filho desencarnou, sofri muito e parei de agir assim, mas não reparei esses erros, e acho que não me arrependi com sinceridade. Tive nessa mesma encarnação as reações dos meus atos. Com a minha desencarnação, minha fortuna ia ser dividida em duas partes iguais: uma para minha neta e a outra para minha filha. Meu genro, seguindo meu exemplo, ambicionou receber mais. Naquela noite de horror, no jantar, ele colocou um sonífero no meu copo de água e foi embora. Como minha filha morava perto de minha casa, eles vinham jantar conosco três vezes por semana. Meu genro deu também sonífero para minha filha para que ela não o visse sair. Facilmente entrou no meu lar, matou minha neta e me sujou de sangue. Agiu com perfeição, e todos tiveram certeza de que fui eu o assassino. Depois, contratou um matador, que se fez passar por enfermeiro para me envenenar. Assim, ficou com todos os meus bens. Fiz muitas maldades nessa encarnação e sofri; desencarnei e padeci muito até que, arrependido, pedi perdão, perdoei, desejei me melhorar e fui ajudado.

— O que aconteceu com seu genro? — perguntei curioso.

— Começa a arrepender-se; meu dinheiro não lhe deu a felicidade que almejava. Tenho um neto viciado em drogas e uma neta doente. Já tive raiva dele, mas não tenho mais; oro para que se arrependa e melhore sua maneira de agir. Minha filha nunca desconfiou dele e acha que eu fui um assassino.

Contei a ele que vi o enfermeiro dar-lhe veneno e que não pude fazer nada.

— Você deve ter saído em perispírito do corpo físico e ter visto — concluiu o senhor José.

Despedimo-nos e fiquei sabendo que, para algumas pessoas, as reações às ações, boas ou más, praticadas vêm rápidas, para outras, são mais demoradas, mas que de qualquer forma somos donos dos nossos atos.

A minha vida no sanatório continuava monótona.

CAPÍTULO 7

UM AMOR

— Daniel, tem uma visita para você! — o enfermeiro Antônio veio avisar-me sorrindo.

Estava na horta. Sorri também, não acreditando.

— Estou trabalhando, Antônio, não é hora para brincadeiras — respondi.

— É verdade! Você tem uma visita! — afirmou Antônio.

— Quem viria me visitar? — indaguei.

— Um senhor distinto que está conversando com o doutor Estevo. Ande logo! Lave as mãos e o rosto e vá para a sala do doutor. Rápido, garoto!

Antônio não costumava brincar, mas achei que ele brincava comigo. Resolvi ir, mesmo não acreditando, achando que depois iriam rir de mim. Lavei o rosto e as mãos, ajeitei minhas roupas e fui para a sala do doutor Estevo. No corredor ouvi vozes.

"Será que é verdade?" — pensei. — "Será que tenho mesmo visitas? Um senhor distinto? José Luís? Ele não é senhor. Mas, para o Antônio, todos os homens bem-vestidos são senhores. Meu amigo veio me ver!"

Bati na porta e escutei doutor Estevo dizer para entrar. Meu coração disparou. Tremendo, abri a porta.

— Senhor Ciro!!! — exclamei.

Tive impulsos de abraçá-lo, mas ele me estendeu a mão, que apertei.

— Que alegria! — exclamei.

— Como está? — perguntou ele.

— Bem...

— Vou deixá-los sozinhos — falou doutor Estevo, saindo da sala.

O senhor Ciro sentou-se e com um gesto de mão convidou-me para sentar ao seu lado.

— Aqui eles o chamam de Daniel, não é? Pois vou chamá-lo assim. Nic deve ser esquecido.

— Senhor Ciro, por favor — pedi —, dê-me notícias do orfanato. Escrevi cartas e não obtive respostas.

— Houve muitas mudanças no orfanato. Tudo muda! Quinze dias depois que você veio para cá, Carmem faleceu. Foi encontrada morta pela manhã, vitimada por alguma doença no coração. Terezinha ficou uns meses no lugar de Carmem. Soninha e ela são semianalfabetas e certamente não sabem escrever cartas. Olavo está como sempre. Sujeito estranho! É melhor que ele não saiba de você. Agora no orfanato tem nova diretoria: é dona Alda, que fez uma campanha para que adotassem os órfãos. Atualmente há poucas crianças lá.

VERA LÚCIA MARINZECK DE CARVALHO DITADO POR ANTÔNIO CARLOS

Senti vontade de chorar ao saber do falecimento de dona Carmem. Esforcei-me para não o fazer, pois não queria estragar o prazer de receber uma visita. Perguntei:

— E José Luís, o senhor sabe dele?

— Uma semana depois que você veio para cá, ele saiu do orfanato e foi para uma cidade vizinha. Não sei dele, somente o nome da cidade onde foi morar — respondeu o senhor Ciro.

Fez-se um silêncio em que escutei meu coração bater forte. O senhor Ciro olhou-me e falou:

— Carmem preocupava-se com você. Ela queria tê-lo ajudado mais, era uma pessoa muito caridosa. Daniel, eu tive de vir aqui, a esta cidade, a negócios; lembrei-me de você e vim vê-lo. O doutor Estevo falou-me muito bem de você, disse que é calmo, trabalhador e que não é perigoso. Deve ter se curado. Por isso vou levá-lo embora, se quiser, é claro.

— Como?! Levar-me daqui? Posso ir? — indaguei afobado.

O senhor Ciro sorriu e explicou:

— Daniel, você não foi julgado. Acho mesmo que arquivaram seu processo. Você era menor de idade na época e, se está bem, curado, não tem por que ficar preso aqui, uma vez que vai fazer vinte e dois anos. Está aqui há muito tempo.

— Vou fazer vinte e um anos — informei.

— Não, Carmem e eu sempre achamos que você era mais velho, que deve ter sido registrado com data errada. Já é maior de idade e não tem por que ficar mais neste hospital. E, segundo a opinião de um especialista, o médico que o tratou, você está bem. Posso me responsabilizar por você e levá-lo comigo, para minha fazenda, onde lhe darei emprego. Trabalhará na horta e terá um ordenado. Quer ir?

O SONÂMBULO

É difícil descrever o que senti naquele momento. Ajoelhei-me no chão aos pés do senhor Ciro e exclamei emocionado:

— Senhor Ciro, sou-lhe profundamente grato. O senhor me ajudou quando eu estava na prisão e está me auxiliando agora. Deus lhe pague! Quero ir sim e farei de tudo para que não se arrependa.

Ele sorriu e me puxou pelo braço, levantando-me. Abriu a porta e bateu em outra, e o doutor Estevo abriu.

— Doutor Estevo — informou o senhor Ciro —, Daniel irá embora comigo.

— Posso ir mesmo? — perguntei, receando ainda ser uma brincadeira.

— Claro que pode! — respondeu o doutor Estevo, sorrindo diante do meu contentamento.

— Vá arrumar suas coisas. Iremos embora já — ordenou o senhor Ciro.

Fiquei apreensivo, não tinha nada para arrumar. Minhas roupas, as que trouxera do orfanato, haviam acabado; tinha algumas doadas, mas eram velhas. Ao me ver indeciso, o doutor Estevo explicou ao senhor Ciro:

— O sanatório passa por diversas dificuldades. Os internos esquecidos pela família ou os que não a têm vestem roupas que recebemos de doações, pois não temos verbas para uniformes. Acho que Daniel não tem nada para levar.

— Não tem importância — disse o senhor Ciro. — Compro algumas para ele. Daniel, vá trocar de roupa. Coloque uma limpa, se possível, e despeça-se dos amigos. Volte logo, estarei esperando-o.

Rápido, fui ao meu quarto trocar de roupa; estava afobado, com o coração disparado. Parei um instante e pensei:

"Curado! Será que estou curado? Não seria mais honesto eu dizer ao senhor Ciro que ainda sou sonâmbulo? Ele me levará embora se souber? Quero sair daqui! Depois, foi o médico, o doutor Estevo, quem afirmou que me curou. Eu não falei nada, não me perguntaram. O médico sabe mais do que eu. Não me sinto culpado. Mereço esta oportunidade!"

Despedi-me dos enfermeiros e de alguns doentes. Eufórico, fui para a sala onde era esperado. Despedi-me também do doutor Estevo, agradecendo-lhe, e saí do sanatório com o senhor Ciro.

O carro dele estava estacionado na frente do prédio. Sentei-me no banco da frente, como ele ordenou. Estava muito feliz.

— Vamos a uma loja comprar algumas roupas para você.

O senhor Ciro comprou para mim calças, camisas, sapatos, barbeador e roupas íntimas. Foi a primeira vez que comprei roupas para mim, que as tive novas e que as escolhi.

— Senhor Ciro, não sei como lhe agradecer!

— Desconto do seu ordenado — disse ele.

Tive vontade de cantar, mas me contive; ria sem parar, deliciando-me com a viagem. A impressão que tinha era de que o céu nunca estivera tão lindo. Era encantador ver as árvores na estrada. O ar me pareceu puro e cheiroso. Chegamos à fazenda do senhor Ciro, que era perto da cidade onde estava o orfanato.

— Aqui é o quarto em que dormirá. Irá fazer as refeições na cozinha da minha casa. Ali está a horta. Amanhã, comece a trabalhar. Quero a horta muito bonita! Se precisar de sementes, peça ao capataz.

No lado direito e nos fundos da casa-sede havia três quartinhos, todos vazios. Eram cômodos com banheiro; instalei-me num deles. Era confortável, tinha uma cama, guarda-roupa, uma mesa e três cadeiras, tudo limpo e arrumado. Guardei minhas roupas, tomei banho e fui jantar. Achei a comida deliciosa, e a cozinheira, dona Adelaide, era agradável, educada e conversou comigo, informando-me os horários da casa.

Achei que não ia conseguir dormir de tão feliz que estava. No outro dia, observei o quarto com medo de ter me levantado dormindo. Não notei nada de estranho.

"Feliz como estou, não devo me levantar mais dormindo. Vou acreditar que me curei do sonambulismo" — pensei.

Viver ali era muito bom, eu trabalhava com prazer e alegria. Dias depois já se via o resultado: a horta ficou linda. Todos ali tratavam-me bem. Raramente via a esposa do senhor Ciro, dona Maria Amélia. Ela me pareceu séria e infeliz. Senti dó do meu patrão, achei que sua mulher não o compreendia. O senhor Ciro viajou e, quando retornou, foi à horta conversar comigo.

— E aí, Daniel, está gostando daqui?

— Muito, quero agradecer ao senhor novamente. Estou muito feliz.

— Você tem se levantado dormindo? — perguntou meu patrão.

— Acho que não! — respondi.

— Alegro-me que esteja bem. O capataz vai pagar seu orde-nado com o dos outros empregados. Vou descontar as roupas que lhe comprei.

— Senhor Ciro, será que posso visitar José Luís?

— Pode ir na sua folga. Sabe onde ele mora?

— A cidade em que ele reside é pequena e eu o encontrarei — respondi.

O senhor Ciro afastou-se e pensei:

"Ele deve estar me ajudando por causa da dona Carmem. É um homem muito bom, que Deus o proteja".

Esperei ansioso pelo domingo, e ele finalmente chegou. O dia estava muito bonito, levantei bem cedo, aguei as plantinhas da horta, troquei de roupa e fui para o ponto de ônibus. A estrada passava a dois quilômetros da sede da fazenda. Em horários certos, podíamos pegar o ônibus que ia às duas cidades próximas. Uma delas era onde estava o orfanato, e a outra onde meu amigo agora morava. Tinha recebido um quarto do meu ordenado e meu dinheiro dava para as passagens de ida e de volta, restando somente um pouquinho.

"José Luís certamente me convidará para almoçar" — pensei esperançoso. — "Temos tantas coisas para conversar... Será muito bom recordar o passado".

Na cidade, pedi informações para várias pessoas, até que uma senhora que o conhecia me indicou onde ele morava. A casa era simples, bati palmas no portão com o coração acelerado. Uma moça veio atender. Expliquei por quem procurava.

— É aqui mesmo. Vou chamar meu marido — disse ela.

José Luís veio em seguida, olhou-me como se duvidasse do que via.

— Sou eu mesmo, José Luís, seu amigo!

— Nic — disse ele baixinho. — Que faz aqui? Fugiu?

— Não, tive alta. Estou trabalhando numa fazenda e vim visitá-lo — respondi. — Não vai me abraçar, convidar para entrar?

— Sim, entra! Como está?

José Luís abriu o portão e, em vez de me dar um abraço, estendeu-me a mão. Abriu a porta e com um gesto convidou-me a sentar.

— Como está você, José Luís? Casou-se? — perguntei, não sabendo como agir ou o que falar.

A moça que me atendeu entrou na sala com um menininho no colo.

— Você é amigo do Zé? Chamo-me Márcia e este é o nosso filhinho, Roberto.

— Prazer! — falei sorrindo.

— Márcia, por favor, vá para dentro. Quero conversar com este moço — pediu José Luís.

Senti doer meu peito, foi como se tivesse recebido um balde de água fria no meu entusiasmo. Olhei sério para ele.

— Desculpe-me, Nic — disse José Luís baixinho. — Não quero que Márcia saiba quem é você. Naquela época, por ser seu amigo, sofri muito. Todos no orfanato ficaram com medo de mim. Dona Carmem tirou-me da escola porque recebi insultos e os meninos se juntaram para me bater, não pude mais sair na rua. Chorei muito, ninguém queria conversar mais comigo. Nossa diretora me arrumou emprego nesta cidade, vim sozinho e com muito medo. Dois dias depois, dona Carmem morreu. Nem voltei para o enterro, não tinha dinheiro. Aqui, como ninguém me conhecia, passei a ser Zé. Tive sossego e trabalhei muito. Hoje tenho um bom emprego, casei e tenho um filho. Não atrapalhe minha vida, por favor.

— Eu lhe peço desculpas, José Luís — lamentei. — Nunca quis que sofresse e lastimo o que passou por minha causa. Vou embora!

— Desculpe-me não convidá-lo para almoçar. É que vamos para a casa da minha sogra. É melhor ninguém saber que esteve aqui. Nic, foi você quem matou aquelas moças?

— Acho que não! Não me lembro! Você não achava que era o senhor Olavo o assassino? Ia investigar.

— Como? Não tive tempo, quase fui expulso do orfanato. Porém, com sua partida, não houve mais crimes. Não voltei mais ao orfanato nem para visitar. Adeus, Nic, seja feliz. E por favor, não venha mais me ver — pediu José Luís, levantando-se para abrir a porta.

— Adeus, José Luís! Que Deus o faça cada vez mais feliz!

Levantei-me e saí rápido. Voltei para a rodoviária, onde teria de esperar duas horas para voltar. Sentei-me num banco e fiquei ali quieto, com vontade de chorar. Compreendi José Luís e senti por ele ter sofrido por minha causa.

Queria visitar o orfanato mas desisti. Era melhor ninguém saber que eu tinha saído do sanatório. Receei que eles sentissem medo ao me ver. Talvez Terezinha e Soninha me recebessem como José Luís, não querendo se envolver. E não queria rever o senhor Olavo, que me acusara e que talvez fosse o verdadeiro assassino.

Tentei fazer amigos na fazenda. Fui convidado para uma festa. Arrumei-me bem e na noite de sábado fui ao galpão, que estava todo enfeitado. Lá conheci uma moça, uma mulata encantadora. Olhamos um para o outro. Fiquei sabendo que se chamava Rania, era filha de um empregado e morava numa das casas da fazenda. Tímido, não me aproximei dela. A festa foi muito boa, passei horas muito alegres.

Passamos a nos ver, Rania e eu, a nos olhar, até que tive coragem de conversar com ela. Foram somente cumprimentos, comentários sobre o tempo, mas que alegria senti ao escutá-la! Pensava demais nela. Ao vê-la, meu coração disparava, eu tremia e até gaguejava. Estava amando, e esse sentimento trazia-me felicidade.

Quando recebi meu segundo ordenado, pedi para dona Adelaide, que ia à cidade, comprar um presente para eu dar a Rania. Ela me trouxe um par de brincos. Quando a vi passar pela horta, chamei-a; ela parou, olhou-me e sorriu. Corri para perto dela e lhe entreguei o pacotinho.

— Para mim? Gosto de ganhar presentes!

Abriu, fiquei olhando-a extasiado.

— Que lindos! — exclamou Rania. — Obrigada, Daniel! Gostei muito, vou colocá-los lá em casa.

Rania era muito bonita, cabelos anelados na altura dos ombros, lábios grandes e bem desenhados, olhos pretos, vivos e alegres. Mas seu sorriso era especial, lindo e contagiante. Passei a fazer planos e a sonhar: em casar, como José Luís, ter filhos, e certamente Rania e eu seríamos muito felizes.

Mas comecei a notar que estava me levantando dormindo. Pensei até em me trancar. Mas para isso necessitava da ajuda de outra pessoa.

"Quem?" — pensei aflito.

Ali, somente o senhor Ciro sabia quem eu era. Todos na fazenda me conheciam por Daniel, um moço que veio de outra cidade a quem o patrão deu emprego. Não se comentava mais sobre aqueles crimes em que eu, como Nic, era o acusado. E ficava pensando, tentando encontrar uma solução.

"Se me prender com uma corrente ao leito? Posso colocar um cadeado. Mas e a chave? Se deixar perto, abro-o à noite; se jogar a chave longe, não abro pela manhã. E aí, como me levanto para trabalhar?"

Preocupado, percebi que estava me levantando quase todas as noites. Acordava com roupas diferentes, com o quarto bagunçado. Achei numa manhã, no meu quarto, duas abóboras que ainda não estavam na época de serem colhidas. Notei, outro dia, que meus sapatos estavam sujos de lama. Compreendi, então, que saía do quarto. Tive medo.

Enamorado, quis pedir Rania em namoro, mas, tímido, não conseguia falar. Depois, temia que descobrissem que eu era sonâmbulo e que já estivera num sanatório. Ou pior, que era Nic, o acusado daqueles assassinatos.

O sentimento de amor dá força e alegria a quem o sente. Eu queria mais a felicidade dela do que a minha. Será que Rania iria me querer se soubesse do meu passado? Quem eu era? Será que seria feliz comigo? Nunca quis tanto curar-me, se de fato sonambulismo era doença. Não queria ser sonâmbulo.

"Meu Deus" — orava —, "por que tudo isso aconteceu comigo? Por que não posso ser Daniel, um moço trabalhador, romântico e viver normalmente como qualquer outra pessoa? Ajude-me, Pai Misericordioso!"

Gelei ao escutar a cozinheira, dona Adelaide, comentar com um empregado:

— Acharam uma moça morta! Foi estrangulada e estuprada. A polícia disse que foi morta esta noite!

Senti um mal-estar, meu coração disparou, tonteei, afastei-me escondido e fui para o meu quarto. Orei chorando:

"Meu Deus, não quero ser assassino! Por favor, que não tenha sido eu!"

Voltei ao trabalho e, quando Rania passou, fingi que não a vi.

Eu estava muito apreensivo, não queria dormir mais, acabei adormecendo de cansaço.

Na fazenda, todos falavam do assassinato, da moça.

Seis dias se passaram; devo ter me levantado todas as noites. Coloquei em volta da minha cama vasilhames com água; no outro dia, percebi que afastara um deles. Como estava mais tenso, levantava-me mais, como dissera o doutor Estevo. Estava quieto, conversava pouco, fugia das pessoas e olhava Rania de longe, que continuava, como sempre, risonha e olhando-me.

Naquela manhã, ao tomar o café, dona Adelaide estava nervosa, com medo, e contou-me, falando depressa:

— Outra moça foi encontrada morta aqui perto da fazenda! E do mesmo modo que Lourdinha. Essa era casada, mas todos sabiam que traía o marido.

— Ela tinha filhos? — perguntei.

— Dois garotos: um de cinco e outro de três anos — respondeu dona Adelaide. — Foi estuprada e estrangulada. Encontraram seu corpo numa casinha abandonada, do outro lado da estrada. Estava desaparecida, mas ninguém se preocupou, pois ela tinha o costume de passar dias fora de casa. Um homem, ao passar pela estrada, sentiu um mau cheiro, foi ver o que era e achou o corpo. Dizem que faz uns três dias que morreu.

Dona Adelaide fez uma pausa, suspirou e continuou a informar-me:

— Esses crimes são parecidos com os que ocorreram numa cidade vizinha há alguns anos. Um tal de Nic, órfão que morava no orfanato, foi o acusado. Mas ele está num sanatório em outra cidade. A polícia bem que poderia ir até lá e verificar se ele não fugiu.

Tomei o café rápido e fui para a horta apreensivo, inquieto e com medo.

Como se falava muito dos crimes, ligaram esses aos outros e logo notei que os empregados que passavam perto da horta me observavam e cochichavam. Fui almoçar, dona Adelaide olhou-me de modo estranho e serviu-me o almoço calada. Quando ia sair da cozinha, ela indagou-me, baixinho:

— Daniel, você não é o Nic? Dizem que Nic era apelido e que ele se chamava Daniel. Você é ele?

Não respondi, voltei quase correndo para a horta. Vi Rania e chamei-a:

— Rania!

Ela me olhou com tanto medo que me assustei. Rania correu desesperada, como se eu a perseguisse. Chorando, fui para o meu quarto e tomei uma decisão. Arrumei rápido minhas roupas em sacolas, escrevi um bilhete para o senhor Ciro pedindo desculpas por ir embora sem me despedir e agradecendo-lhe por tudo. Eu tinha poucos minutos para chegar à estrada e pegar o ônibus para a cidade. Saí escondido e corri para o ponto.

Cheguei exausto ao local onde o ônibus parava; dois minutos depois ele passou. Na cidade, desci do ônibus e fui andando apressado para a estação ferroviária. Lá peguei o trem das quatro e trinta e cinco para a cidade onde ficava o sanatório. Estava tão triste, apreensivo e com medo que sentia dores no peito e pelo corpo. Senti, porém, que não voltava sozinho; o amor que sentia por Rania me acompanhava. Tive vontade de morrer, estava muito triste.

"Não!" — pensei. — "Quem ama não deve ter vontade de morrer. Não sentirei mais o peso da solidão. A lembrança dela me acompanhará, agasalhará meu coração. Como nos livros que li, é melhor sofrer por amor do que nunca ter amado".

Não prestei atenção em nada, queria chegar logo ao sanatório.

Foi um alívio quando o trem parou e desci. Vieram à minha mente as outras viagens que fiz de trem: com meu pai e quando fui preso.

Atravessei a estação rápido, fui para a rua e tive de perguntar como chegar ao sanatório. Um senhor me informou. Continuei andando e, quando vi o prédio, senti-me mais aliviado. Fui ao encontro da construção grande e fechada. Voltava quatro meses depois.

CAPÍTULO 8

DE VOLTA AO SANATÓRIO

Bati na porta, que me pareceu imensa; meu coração disparou, senti a boca seca. Sabia, ou melhor, sentia que não ia mais sair dali depois que entrasse.

"Ainda tenho tempo de correr, de fugir para longe!" — pensei. — "Fugir para quê: para matar outras pessoas? Correr o risco de continuar fazendo maldades? Se for um assassino, meu lugar é aqui, preso por toda a vida" — lamentava-me.

— Você de volta?! Que faz aqui?! — o porteiro perguntou, espantado ao me ver.

— Por favor, deixe-me entrar. Quero ver o doutor Estevo — pedi.

— Ele não está, mas entre! Vou chamar o Antônio.

Entrei, sentei, e logo Antônio veio. Examinou-me com o olhar e indagou:

— Que aconteceu, Daniel? Por que voltou?

Chorei alto, estava desesperado, não conseguia falar. O enfermeiro me abraçou, consolando-me, e esperou que eu parasse de chorar.

— Venha, Daniel, vamos para o seu quarto. Amanhã você nos conta o que aconteceu.

Ajudou-me com as sacolas e fomos caminhando devagar até o meu antigo aposento.

— O quarto não foi ocupado, está como o deixou. Tome um banho quente. Vou lhe trazer uma sopa.

Obedeci. Antônio ficou comigo enquanto tomava a sopa devagar.

— Daniel, infelizmente não estou alegre por você ter voltado. Queria que estivesse feliz lá fora. Mas, uma vez que voltou, digo-lhe que fez falta. A horta está abandonada, sentimos sua ausência, não há ninguém para consertar as coisas por aqui. Você quer tomar um calmante? Um remédio para dormir? Está muito aflito.

— Antônio, sou um infeliz! Não me curei! — queixei-me.

— Você nunca me pareceu doente, Daniel!

— Mas me levanto dormindo, sou sonâmbulo!

— O que você fez, meu amigo? — indagou Antônio.

— Não sei — respondi —, mas de novo duas moças foram mortas.

— Meu Deus! — exclamou Antônio com espanto.

— Quero tomar o remédio para dormir, tranque-me, por favor.

O remédio fez efeito e dormi mais tranquilo, sabendo que estava trancado. Acordei com um enfermeiro me chamando e me sacudindo.

— Daniel, acorde, o doutor Estevo quer vê-lo!

Levantei-me sonolento. Depois que troquei de roupa, fui à sala do doutor Estevo. No corredor, parei para escutar o que meu médico conversava com outra pessoa sobre mim.

— Fernando — explicou o doutor Estevo —, Daniel é uma incógnita para a medicina. Não acredito que tenha matado em estado sonambúlico. Acho que ele tem duas personalidades. No tempo em que esteve aqui, não nos causou problema nenhum. Bom moço, educado, simples e trabalhador. Queria tanto se curar, mas pelo visto não se curou. Se quer tratá-lo, o paciente é seu. Você é novo, recém-formado, e terá nele campo para suas experiências.

— Obrigado, doutor Estevo — agradeceu a outra pessoa, cuja voz me era desconhecida.

Bati na porta e, ao escutar que podia entrar, assim o fiz.

— Bom dia, Daniel! Como você está? Por que voltou? — indagou o doutor Estevo.

Tive vontade de chorar, mas me contive e respondi:

— Doutor Estevo, eu estava muito feliz lá na fazenda: trabalhava, fiz amigos, porém continuei com o meu sonambulismo, e não tive como me trancar. Percebia que me levantava dormindo pela bagunça que fazia, e tudo indicava que eu saía do quarto. Quando duas moças foram mortas perto da fazenda, fiquei apavorado. Fugi de lá e voltei para o sanatório. Estou muito infeliz! Desesperado!

— Calma, Daniel! — ordenou o doutor Estevo. — Este é o doutor Fernando, o médico que veio ajudar-me e está trabalhando conosco agora irá tratar de você.

— Sim, senhor! — respondi.

Doutor Fernando me pediu para acompanhá-lo à sua sala. Lá me examinou, mediu minha pressão etc. Depois fez algumas perguntas:

— Sente alguma dor?

— Na alma, estou sofrendo muito — respondi.

— Acha que está doente?

— Não sei. Somente tenho certeza de que sou sonâmbulo.

— Acha que matou aquelas mulheres? — o doutor Fernando continuou me interrogando.

— Não sei, quero acreditar que não. Não quero ser um assassino!

Chorei. O doutor Fernando esperou que passasse minha crise de choro.

— Vou tentar curá-lo, Daniel! — decidiu o médico com firmeza.

Olhei então para ele. Era jovem, não devia ter trinta anos. Seu semblante era calmo; seu olhar, inteligente e entusiasmado. Confiei e roguei:

— Por favor, doutor, por Deus, se o senhor acredita Nele, cure-me!

Ele me deu umas palmadinhas nas costas e pediu:

— Volte a viver aqui como antes, Daniel. Trabalhe na horta, ajude os funcionários. Vou lhe receitar um remédio para que durma melhor.

— Sempre dormi bem. Agora, trancado, não terei medo de dormir — contei.

— Está bem, tome o remédio até se sentir mais tranquilo. Quero conversar com você mais vezes.

Por três dias não fiz nada, somente lastimava e chorava. Antônio, à noite, ao me dar o remédio, deu-me também uma bronca.

— Daniel, você precisa reagir! Assim como está, parece um fraco! Você é jovem e, se quer curar-se, precisa ser forte e lutar por isso!

— Você acredita em mim? Que não finjo e que não sei o que faço dormindo? — perguntei ansioso.

— Acredito. O doutor Estevo e o doutor Fernando também acreditam.

No outro dia, fui para a horta. Trabalhei muito, pois ela estava feia e malcuidada. Cansei-me e não tive tempo para lastimar. Mas às vezes parecia que eu estava na horta da fazenda e que iria ver Rania passar me olhando e sorrindo. Então, lembrava da última vez que a vi, do seu olhar assustado, da sua expressão de medo, e ficava com vontade de chorar.

O doutor Fernando chamou-me para conversar.

— Daniel, um delegado e um investigador estiveram ontem aqui perguntando de você e, ao saberem que saiu do sanatório e depois voltou, tiveram certeza de que foi você o autor dos três crimes.

— Três?! — perguntei admirado.

— Sim, uma outra moça foi morta na noite em que você voltou. Falei a eles que era impossível o autor desse último assassinato ter sido você, uma vez que estava no seu quarto trancado. O delegado investigou, indagando ao porteiro e ao Antônio, mas não se convenceu. Ele acha que você chegou aqui mais tarde, ou que saiu à noite. Provamos a ele que era impossível e que você passou a noite aqui. Ordenou-nos que o mantivéssemos aqui até o julgamento.

— Vou ser julgado? — perguntei.

— Acho que sim — respondeu o doutor Fernando. — Pelo menos você é acusado. Mas há algo estranho nisso tudo. A terceira moça assassinada, uma prostituta, foi morta à noite, disso não há dúvida, porque ela foi vista à tarde e comentou com as amigas que ia a um encontro; estava alegre e bem. Acharam-na pela manhã, morta na beira da estrada próxima à fazenda. Você foi visto no ônibus à tarde e estava aqui às dezenove horas. Mesmo que tivesse fugido, seria impossível você ter ido até a fazenda, matar a moça e retornar. Eu o vi às oito e trinta da manhã. A terceira moça não foi você quem matou!

— Se não fui eu, talvez não tenha assassinado as outras! — concluí.

Esperançoso, olhei para o doutor Fernando e implorei:

— Doutor Fernando, ajude-me! O senhor não calcula como estou sofrendo com a possibilidade de ser um assassino!

— Estou estudando seu caso, Daniel, e vou ajudá-lo!

Doutor Fernando ia três vezes por semana ao sanatório e, em quase todas as vezes, recebia-me. Contei a ele tudo sobre mim, sem esconder nada. Ele tomava nota, fazia perguntas. Suspendeu minha medicação e me trazia livros e revistas para que lesse. Esperançoso, passei a fazer tudo como antigamente: lavar minhas roupas, trabalhar com carinho na horta, que logo ficou bonita de novo, fazer pequenos consertos e pintar algumas paredes e salas.

— Daniel — doutor Fernando me informou —, você foi julgado e condenado. Recebemos do juiz o comunicado ou a ordem para não deixá-lo sair daqui. Foi condenado a prisão perpétua.

— Como fui condenado? — perguntei indignado. — Não tive chance de falar, de me defender, não fui a júri!

— Comentou-se que você é perigoso demais para sair daqui e condenaram-no. Não entendo o que ocorreu, nem se isso é possível ou legítimo. Mas foi a ordem que recebemos. Daniel, se eu tiver certeza de que não foi você quem cometeu esses crimes, arrumo-lhe um bom advogado e reverto esse processo. Prometo a você! Eles justificaram dizendo que o terceiro crime, o que aconteceu na noite em que você estava aqui, pode ter sido cometido por outra pessoa e que estão investigando. Mas que não resta a menor dúvida de que foi você o assassino dessas duas moças e das outras três na época do orfanato.

Fiquei muito chateado e senti-me injustiçado. Fui para a horta e lá desabafei sozinho. Resmunguei: "Deus, o Senhor é o culpado! Que lhe fiz para ter sido órfão, para aqueles moços abusarem de mim e para meu pai ter me deixado no orfanato? Além do mais, fez-me sonâmbulo! O Senhor me criou num dia de mau humor? Descontou em mim algum desaforo que recebeu? Por que me fez isso? Por que não gosta de mim? Será que me usou para matar aquelas moças que não agiam corretamente? Se foi isso, por que me deixa preso? Se matei, por que não me lembro?"

Por três dias fiquei revoltado, mas depois passou. Não conseguia sentir raiva por muito tempo. Deveria haver explicações para esses acontecimentos em que estava envolvido, e certamente um dia compreenderia o porquê de estar sofrendo.

Embora procurasse ficar tranquilo e confiar, às vezes revoltava-me e reclamava, aborrecido, mas passava, porque queria confiar em Deus, amava-O, e lá no íntimo sentia que o Pai Criador também me amava.

Escrevi para o senhor Ciro, coloquei o remetente e o endereço de Antônio. Tinha dinheiro, que guardara dos salários que recebi. Então dei a um enfermeiro amigo, em quem confiava, o dinheiro para o selo. Contei na carta tudo o que aconteceu, pedi desculpas, disse que o doutor Fernando me ajudaria e que confiava nesse médico. Disse ainda que queria descobrir o assassino e que contava de novo com a ajuda dele, e que achava que o assassino devia ser o senhor Olavo. Ele certamente soube que eu estava na fazenda, cometeu os crimes e o fez de tal forma que a culpa caísse sobre mim. Como não obtive resposta, escrevi mais três cartas. Então recebi uma correspondência, era de dona Maria Amélia, esposa do senhor Ciro. Foi um bilhete pedindo para não escrever mais, porque o senhor Ciro havia falecido.

Chorei a morte dele, pois foi uma pessoa que sempre me ajudou e que com certeza iria me auxiliar novamente. Poderia contar agora somente com o doutor Fernando, e foi com ele que desabafei numa das consultas:

— Não tenho mais nada para falar com o senhor, já lhe contei tudo sobre mim.

— Não pense que não tenho pesquisado seu caso. A mente humana, nosso cérebro, é um campo vasto para pesquisas. Sabemos muito pouco sobre como funciona esse órgão maravilhoso. E doenças mentais são um desafio para nós, médicos, e muitas delas não sabemos como tratar. Escrevi a seu respeito para um dos meus ex-professores da universidade, um mestre estudioso e pesquisador. Doutor Emílio se interessou pelo seu caso e virá aqui no próximo feriado para examiná-lo. Ele hipnotiza seus pacientes e os faz falar algo de que se esqueceram ou que repelem.

— Como assim? — perguntei.

— O doutor Emílio o induzirá a dormir e o interrogará, e você com certeza responderá — explicou o doutor Fernando.

— Se assassinei aquelas moças em estado sonambúlico, irei dizer? Ou se tenho duas personalidades irei falar? É isso?

— Sim, é — respondeu o médico.

Aguardei ansiosamente o tal professor vir, e ele veio. O doutor Fernando apresentou-me. O doutor Emílio devia ter uns sessenta anos, era calvo e simpático.

— Prazer, Daniel — ele me cumprimentou. — Vim aqui para ajudar Fernando a curá-lo. Fique calmo, deite-se, relaxe, preste atenção na minha voz e obedeça.

Tentei fazer o que me foi recomendado. Escutei a voz do doutor Fernando e adormeci. Acordei no meu quarto, no meu leito. Levantei-me confuso e tonto; bati na porta e escutei Antônio:

— Daniel, você está acordado? Responda!

— Estou sim, Antônio. O que aconteceu? Eu não estava na sala do doutor Fernando? Por que estou aqui?

— Acordou mesmo! Vou abrir!

Antônio abriu a porta, observou-me bem e depois perguntou:

— Está se sentindo bem, Daniel?

— Não sei — respondi.

Olhei o corredor, tudo quieto, era noite.

— Antônio, já é noite? E seu plantão?

O SONÂMBULO

— São duas horas da madrugada — respondeu o enfermeiro. — Você dormiu dezesseis horas seguidas. O doutor Fernando deixou-me ordens para que, quando acordasse, lhe desse comida e remédio para que dormisse novamente. Quer comer?

— Quero água! — disse.

Peguei água no pequeno pote que ficava no meu quarto e tomei.

— Vou ao banheiro — falei.

Fui e lá vi um esparadrapo no meu braço; tirei-o e vi que havia tomado uma injeção intravenosa. Voltei ao quarto, onde Antônio me esperava.

— Que quer fazer, Daniel? Volto a trancá-lo? Quer tomar remédio para dormir?

— Antônio, você sabe por que me aplicaram injeção?

— Não sei, mas, pelo tanto que dormiu, deve ter sido um sedativo. Não sei o que lhe aconteceu, Daniel. O outro enfermeiro contou-me que você foi à sala do doutor Fernando e que um médico professor veio examiná-lo. Houve muito barulho por alguns minutos e depois fez-se silêncio. Nem uma hora depois o doutor Fernando mandou buscá-lo com a maca, colocá-lo no seu leito e trancá-lo. Deixou por escrito o que eu deveria fazer se você acordasse de madrugada.

— E como você sabia que, de fato, eu estava acordado? — perguntei.

— Quando você faz barulho dormindo, raramente conversa, e, quando o faz, fala de modo estranho. Já lhe perguntei, como fiz hoje, se estava acordado. Se fica quieto ou se responde e eu não entendo, é porque está dormindo.

— Quero tomar o remédio, Antônio. Acho que é melhor eu dormir novamente — pedi.

Tomei o comprimido e dormi de novo. Acordei sentindo-me normal como sempre. Não me lembrava de nada, não sabia o que acontecera na sala do doutor Fernando. Fui trabalhar e tive de esperar dois dias para ver meu médico. Estava ansioso para falar com ele. Aguardei-o na frente da sua sala.

— Entre, Daniel, vamos conversar.

Entrei e ele fechou a porta. Indaguei-o, aflito:

— E aí, doutor Fernando, o que aconteceu? Sou inocente, não sou?

— Daniel, não tenho boas notícias. Você não se recorda de nada do que aconteceu nesta sala enquanto o doutor Emílio o examinava?

— Lembro somente do médico professor me pedir para relaxar, para dormir, e que acordei às duas horas da madrugada no meu quarto. Por favor, conte-me o que aconteceu.

— Você dormiu, ou foi hipnotizado, e nesse estado o doutor Emílio não conseguiu fazer com que você falasse muito. Respondeu às perguntas dele com monossílabos e de maneira confusa. Ele achou que não estava dando resultado e tentou acordá-lo. Você o agrediu, fui acudi-lo e você me machucou, tive de enfaixar meu braço.

Foi então que notei o braço esquerdo do doutor Fernando enfaixado e um pequeno corte nos seus lábios. Tentei falar alguma coisa, pedir desculpas, mas não consegui.

Doutor Fernando continuou a contar:

— O doutor Emílio trouxe com ele um remédio, uma droga que não usamos habitualmente mas que tivemos de aplicar-lhe. Fez efeito rápido e você ficou quieto, então ele o interrogou.

— E aí, o que falei? — perguntei apreensivo e com dor no peito.

— Não deu para entender direito. Você falou de forma confusa e algumas palavras aparentemente não têm nada que ver com você. Disse: senzala, mulata, negra, negrinha. Daniel, as moças que foram assassinadas eram negras?

— Não sei — respondi.

— Mas você falou nitidamente que matou, repetiu muitas vezes: eu matei! Disse que bateu, mandou bater e usou palavras grosseiras para dizer que estuprou. Sinto muito, Daniel!

— O senhor acha então que de fato matei aquelas moças? — indaguei com a voz trêmula.

Sofri tanto ao escutar as explicações do doutor Fernando, que senti dores físicas pelo corpo, especialmente no peito. Eu preferiria ter sido morto por tortura a ter certeza de que matara aquelas mulheres. Olhei para o médico aguardando sua resposta.

— Não sei, não posso afirmar. Você escutou tanto sobre esses crimes, sofreu sendo acusado, preocupa-se tanto com a possibilidade de ser o assassino, que pode ter respondido o que o aflige. Meu ex-professor, o doutor Emílio, bem como o doutor Estevo, têm a mesma opinião: que você tem dupla personalidade. A que conhecemos: o Daniel trabalhador, prestativo, educado, e a outra, o Daniel mau-caráter. Somente não entendemos por que esse fato ocorre à noite com você supostamente dormindo. E como uma personalidade não aceita a outra, você esquece. Num ponto, nós três concordamos: achamos impossível cometer uma violência como assassinar dormindo. O doutor Emílio me contou que soube de um homem que era sonâmbulo, que dormindo pulou de um prédio, suicidou-se. Mas, ao investigar, a mulher dele contou que viu o marido dormindo no peitoril da janela do apartamento em que moravam, no sexto andar. Ele estava parado, quieto, mas ela, com medo, gritou seu nome; ele acordou assustado e caiu. Ela se culpava, pois certamente ele desceria de lá do mesmo modo que subira. O doutor Emílio até nos propôs levá-lo para o hospital-escola, na capital, mas você, por ordem do juiz, não pode sair daqui. E as experiências o fariam sofrer, uma vez que a droga que ele usa poderia viciá-lo. É melhor que fique aqui conosco.

— Sou um monstro ou doente? — perguntei baixinho e envergonhado.

— Doente! — afirmou doutor Fernando.

— Vou me curar?

— Não sei! Estou sendo sincero, Daniel, eu não sei! O doutor Emílio e o doutor Estevo também não sabem.

— Peço-lhe desculpas pelo braço e pelo machucado nos lábios — falei, esforçando-me para não chorar.

— Não vamos falar a ninguém sobre o que aconteceu aqui — ordenou o doutor Fernando.

— É melhor os outros não saberem que sou culpado. É melhor para mim que tenham dúvidas, não é? — comentei com deboche.

— Você não é perigoso, Daniel. Não tem por que alguém ter medo de você. Dormindo trancado não oferece perigo. E quero ser comunicado de qualquer fato diferente que lhe ocorra.

Agradeci, saí e não tive ânimo para nada naquele dia. Estava sofrendo muito e fiquei chorando no meu quarto. Mas, no outro dia, um senhor trouxe mudas e sementes e fui para a horta. Trabalhei muito até o cansaço doer.

E todas as noites Antônio, ou o enfermeiro de plantão, verificava com atenção se a porta do meu quarto estava trancada. Era ordem do doutor Estevo.

O doutor Fernando passou a falar comigo cada vez menos. Ele achava que eu era o assassino, não teve mais vontade de me ajudar, não queria correr o risco de responsabilizar-se por mim, de eu sair e cometer outros assassinatos. Compreendi.

"Não me sinto criminoso! Não quero ser assassino!" — pensava triste.

Talvez o doutor Emílio estivesse certo: eu repelia tanto esses atos horríveis que os esquecia.

Concluí, depois de muito pensar, que deveria ficar preso mesmo e tentar ser bom, agir do melhor modo possível e tentar ser perdoado por Deus.

Eu pensava muito em Rania. Orava por ela pedindo a Deus que a fizesse feliz. Fazia preces também para José Luís, dona Carmem e para o senhor Ciro.

Às vezes iludia-me; parecia que via Rania passar sorrindo pela horta, olhando-me, usando o brinco que lhe dera. Mas em outras me lembrava de sua expressão de medo ao me ver.

"Ainda bem que não a matei!" — pensava.

E resolvi não me recordar mais dela com expressão de medo, apenas sorrindo. Procurei ter somente bons pensamentos, lembrar dos bons momentos, e voltei a ser alegre. A saudade é suavizada quando se recordam os doces momentos, e esse sentimento, em vez de maltratar, pode nos sustentar.

CAPÍTULO 9

RELIGIÕES SÃO SETAS NO CAMINHO

E o tempo para mim foi passando lentamente, monótono e sem novidades. Conversava com os funcionários, enfermeiros, era amigo de todos. Como havia muito serviço no sanatório, passei a ajudar os que trabalhavam ali mais para estar com pessoas sadias e conversar. Sabia tudo sobre eles, suas famílias e lhes dizia que eram privilegiados por terem com quem se preocupar e por saber que alguém se preocupava com eles.

Foi internado no sanatório um homem de família de posses, e logo todos nós sabíamos quem era e por que estava ali. Antônio me informou:

— Tem o apelido de Dodô porque seu nome é complicado. Matou a mulher, que o estava traindo. E, em vez de ir para a prisão, veio para cá porque disseram que ele ficou possesso e matou numa crise de loucura.

Eu, que sempre me senti carente e com vontade de conversar com pessoas sadias, fiz amizade com Dodô. Ele encontrou em mim alguém que o escutava e entendia. Logo percebi que ele não estava doente.

— E não estou mesmo, Daniel — afirmou Dodô. — Meu advogado instruiu-me para fingir que estava perturbado e que matei minha mulher em estado doentio. Devo, com isso, livrar-me da prisão. Ficar aqui é mais fácil e não fico preso em celas.

— Você conseguirá enganar os médicos? — perguntei.

— Estou prestando muita atenção no que falo a eles. Doutor Fernando é honesto, mas reconhece que é complicado diagnosticar distúrbios mentais. Acredito que ele não terá como afirmar que estou mentindo, que matei num ato tresloucado. Depois, Daniel, quem é rico não fica muito tempo nas prisões. Talvez no futuro esse fato mude, mas agora os advogados conseguem inocentar quem tem como remunerá-los.

"Talvez" — pensei —, "se eu tivesse família e fosse milionário, teriam feito uma investigação mais detalhada e descoberto que o assassino foi outra pessoa, o senhor Olavo. Ou eu poderia ter feito um tratamento mais específico e me curado. Mas, como não tenho dinheiro nem família, tenho de conformar-me. Será que não seria bom para Dodô pagar pelo que fez? Quem não paga fica devendo. Será que não lhe será cobrado? E ele terá de pagar com juros? Quando se deve, o melhor é pagar e ficar livre".

Dodô ajudava-me na horta e nos consertos para ter o que fazer, não gostava de ficar à toa. Ele recebia a visita dos familiares, que lhe traziam alimentos, e os dividia comigo.

— Recebi a visita dos meus filhos! — contou ele. — Tive de fingir, não quero que eles me odeiem por ter matado a mãe deles. Fingi tão bem que eles me abraçaram e beijaram.

— Não sei por que você a matou, a traía também — comentei.

— Homem pode, mulher não! Não a amava, mas ela tinha tudo o que queria: casa boa e empregadas. Mas traiu-me e não me arrependo de tê-la matado, ela mereceu. Daniel, você não sonha com as moças que matou? Não as sente perto de você, odiando-o?

— Não, nunca me recordo do que sonho. E não sinto nada disso; parece que essas moças nunca existiram para mim — respondi.

— Sorte sua! Eu tenho sonhado com a falecida, vejo-a sempre nos sonhos com expressão de ódio e, por duas vezes, disse-me que irá se vingar. E quando acordo, parece que a sinto perto, até me arrepio.

Foi então que comecei a preocupar-me com as moças assassinadas. Se fui eu quem as matou, muitas pessoas deveriam me odiar. Chorei algumas vezes por isso. Aquelas mulheres eram jovens, talvez fossem felizes, e eu tirei suas vidas físicas, seus sonhos, privei-as de viver. Evitei pensar nesse fato.

Dodô ficou onze meses no sanatório, foi julgado e o júri o considerou inocente. Como já havia recebido tratamento e ia continuar a ser medicado em casa, recebeu alta. Ele deu-me todas as suas roupas e um relógio. Gostei muito de ter um relógio. Dodô mandou-me alguns presentes, livros, revistas, roupas e alimentos. Escreveu cartas contando que estava bem, que os filhos acreditavam nele, mas que os sonhos com a ex-mulher continuavam. Depois, esqueceu-se de mim e não deu mais notícias.

O doutor Fernando chamou-me à sua sala e deu-me um envelope.

— Daniel, doutor Emílio enviou-lhe uma carta. Ele lhe escreveu informando o que é sonambulismo e o que é dupla personalidade. Aqui está.

Agradeci e fui para meu quarto para ler sossegado.

"Ainda bem que ele mandou escrito à máquina" — pensei.

No escrito, havia termos científicos e nomes de pesquisadores de que não me recordo. Mas soube então que *sonambulismo* é uma palavra que em latim significa "além". É um fenômeno que ocorre durante ou além do sono. É um despertar incompleto. Nesse distúrbio, uma parte do cérebro acorda sem que a pessoa recobre a consciência, o que faz com que ela aja sem inteligência, mas com todas as reações, como fugir ou atacar. Dizia também que o sonambulismo podia ser genético, que era comum em crianças e mais raro em adultos. Não existia tratamento ou este era bastante difícil; que o sonâmbulo não reconhece pessoas e que deve ser conduzido com delicadeza de volta à sua cama. O que me impressionou nesse relato do doutor Emílio estava no final: raramente relatou-se homicídio ou suicídio durante episódios de sonambulismo.

"Se ele escreveu raramente é porque acha possível!" — lamentei.

Continuei a ler: dupla personalidade é um distúrbio dissociativo da identidade; é uma condição na qual duas ou mais identidades ou personalidades alternam-se no controle do comportamento de um indivíduo e na qual ocorrem episódios de amnésia. Pode ser causada por estresse avassalador, abuso emocional ou físico sofrido durante a infância, ou trauma de uma perda. A maioria das pessoas que tem esse distúrbio apresenta sintomas de depressão, ansiedade, fobias, crises de pânico, disfunções sexuais e alimentares; muitas passam a ouvir vozes e a ter algumas alucinações.

"Não tenho esses sintomas, mas fui vítima de atos que podem provocar esse distúrbio dissociativo da identidade" — pensei.

Embaixo, na folha, escrito à mão, que reconheci ser a letra do doutor Fernando, estava: "O que sabemos com certeza é que pouco se conhece sobre o cérebro humano e as reações dos indivíduos. E tudo de que a medicina no momento dispõe parece-me especulação. Aguardo ansioso por maiores conhecimentos. Queria curá-lo, Daniel, mas confesso que não sei como".

"Posso tanto ter assassinado" — concluí tristemente — "em estado sonambúlico ou por esse distúrbio de identidade. Mas não me sinto assassino! Infelizmente, posso ter matado aquelas moças. É melhor eu dormir trancado enquanto for vivo".

Rasguei a carta e tentei me esquecer dela.

O doutor Estevo aposentou-se e veio para ficar no seu lugar uma médica, a doutora Maria Luiza. Ela era pequena, magra, cabelos muito pretos e expressão bondosa. Ela e o doutor Fernando fizeram algumas modificações no sanatório: ampliaram os horários de visitas e colocaram três aparelhos de rádio — um no refeitório, outro no salão de visitas e no pátio. Gostamos muito, escutávamos músicas e notícias o dia todo e, à noite, até o horário de dormir. Passamos a cantar; isso nos distraía e acalmava-nos. Fizeram de uma sala um local de encontros fraternos; esta recebeu o nome de Sala Comunitária. Foram colocadas uma mesa e muitas cadeiras, e convidaram grupos religiosos para fazerem seus cultos ali. Representantes de três religiões se prontificaram a nos visitar: evangélicos, católicos e espíritas.

Eu ia a todos os encontros. E como me fez bem conhecer religiões!

No começo, o grupo católico que nos visitava era composto de algumas mulheres que vinham rezar o terço; depois, o padre vinha alguns domingos rezar a missa. Conversei com ele.

— Senhor padre, acho que matei umas pessoas. Será que Deus me perdoa?

— Se está arrependido, o Pai o perdoará. Deus nos perdoa sempre!

— É que não sei o que aconteceu. Mas, se cometi esses crimes, arrependo-me muito.

— Venha se confessar — convidou o padre gentilmente.

Disse a ele, resumindo, o que me aconteceu, e o sacerdote perdoou-me e deu-me como penitência orar com o grupo que vinha rezar o terço. Rezar para mim não era penitência, gostei de orar. Aceitei agradecido o consolo e a orientação do padre.

Os evangélicos liam textos da Bíblia, gostei de ouvi-los e conversei com o pastor:

— O senhor acha que Deus nos perdoa? Irá me perdoar?

— Você deve ter sido instrumento do demônio. Mas, se quer ser filho de Deus, o Pai o aceita. Ele o perdoa!

O grupo dos espíritas conversava conosco, ouvia-nos com paciência. Falavam de Jesus como eu nunca havia escutado, que Ele foi um mestre, era nosso irmão. Também lhes fiz a mesma pergunta:

— Deus me perdoaria?

— O Pai perdoa sempre quando nos arrependemos — respondeu um senhor.

— Vocês não poderiam pedir a Ele por mim? Digam a Deus para me perdoar — roguei.

— Daniel — esse senhor continuou a me elucidar —, sua conversa com Deus é entre você e Ele. Nosso Criador o escutará. E por que você também não pede perdão a quem ofendeu?

— Posso fazer isso? Mas elas já morreram! — perguntei admirado.

— Claro! Você deve! O espírito sobrevive à morte do corpo físico, e essas moças onde estiverem irão ouvi-lo.

Pedi a eles livros emprestados e com essas leituras tive outra compreensão da vida.

A mudança que o doutor Fernando e a doutora Maria Luiza fizeram no sanatório apresentava resultados positivos e eles estavam contentes. A religião e a alegria melhoram os pacientes, que agora estavam mais calmos e receptivos ao tratamento.

Um professor de educação física vinha três vezes por semana fazer ginástica conosco.

Eu participava de todas as atividades.

Grupos de jovens passaram a nos visitar, faziam festas, organizavam jogos, tocavam instrumentos musicais e cantavam. Fizemos um coral e todos os dias ensaiávamos. Cantar é uma terapia que traz resultados benéficos.

Uma moça, Maria Cecília, que fazia parte do grupo de jovens, conversava muito comigo. Dava-me atenção e trazia-me presentes. Numa tarde, um moço brincou com ela, na minha frente, dizendo que ela estava apaixonada por mim. Notei então que ela me olhava muito. Passei a evitá-la e a não ir ao pátio ou ao salão quando os jovens vinham. Não queria que Maria Cecília se iludisse e sofresse por mim. Eu não iria sair do sanatório, e nem queria; estava condenado, tinha medo de matar outras pessoas. Depois, amava Rania e não amaria mais ninguém. Senti falta da alegria deles, mas queria evitar Maria Cecília.

Eu era um homem forte pelos exercícios do trabalho pesado, bronzeado por ficar muito ao sol, tinha aspecto agradável, e a sonhadora Maria Cecília se entusiasmou a ponto de ir à horta conversar comigo.

— Daniel, por que não foi nos receber?

— Tenho muito o que fazer hoje na horta — respondi.

— Está me evitando? — perguntou Maria Cecília, olhando-me fixamente.

— Estou!

— Então não lhe sou indiferente e...

— Maria Cecília — interrompi-a —, sou acusado de assassinar mulheres, você sabe da minha história, já contei a vocês. Sou condenado, não vou sair daqui, nem quero, não enquanto tiver dúvida se fui eu ou não.

— Não foi você! Não pode ter sido! Você não parece nada com um assassino! — ela também me interrompeu.

— Quem parece ser assassino? O fato é que sou condenado. Depois, amo outra pessoa. Por favor, não insista e não me aborreça!

Senti em ter de dizer isso, ofender uma jovem tão meiga e sonhadora. Maria Cecília disfarçou, esforçando-se para não chorar; virou-se e rápido voltou para perto dos outros. Ela não retornou ao sanatório. Senti que agi certo e foi um alívio não vê-la mais. Voltei a participar das reuniões com os jovens.

Gostei demais dos livros espíritas; lia-os com atenção e o que não entendia indagava a um deles nas reuniões que aconteciam de quinze em quinze dias. A sessão começava com a leitura de um texto do Evangelho; em seguida, alguém fazia uma explanação, e depois nos davam passes. Numa das palestras, um senhor falou sobre religiões. Gostei do que ouvi:

— Religiões devem ter como objetivo principal levar as criaturas ao encontro do seu Criador. Seus membros não devem criticar um ao outro nem as outras crenças. A maioria das religiões tem como ensinamento fazer o bem e evitar o mal. Existem infelizmente pessoas que agem incorretamente dentro de suas seitas, mas isso não as desmerece. Religiões são setas no caminho; não é bom ficar somente olhando-as e parar encantado para admirá-las. É necessário observá-las e seguir adiante, caminhar rumo ao progresso.

Pensei muito no que o palestrante falou: são setas! E eu estava tendo o privilégio de ver essas setas. Caminhar cabia somente a mim; eu quis rumar para o progresso e passei a esforçar-me para isso.

Depois dos passes e da oração final, o grupo ficava conversando conosco. Perguntei ao senhor Rômulo:

— O senhor tem algum livro que explica o sonambulismo?

— Temos, sim. Leia *O Livro dos Espíritos,* de Allan Kardec. É um livro de estudo muito importante para nós, espíritas.

Encantei-me com essa leitura. O livro de perguntas e respostas elucidou-me; encontrei nele tudo o que queria saber sobre Deus, alma e diretrizes do bem viver. Li e reli muitas vezes no oitavo capítulo, da parte segunda — "Mundo espírita ou dos espíritos" —, as questões sobre sonambulismo. Pensei bem e não consegui entender se me encaixava naquelas explicações. Parecia que ali havia elucidações para um tipo de mediunidade que eu achava não ser meu caso. Fiquei ansioso pela reunião seguinte, para que um deles me explicasse. Meditei muito sobre o que lera, sobre se matara aquelas moças, se prejudicara muitas pessoas, se as ofendera, e resolvi pedir perdão àqueles a quem magoara. Eu, que fora órfão e que me preocupava tanto com a orfandade, deixara duas crianças sem mãe, pois uma das vítimas tinha dois filhos pequenos.

Numa tarde, entrei na Sala Comunitária, fechei a porta e senti uma sensação agradável. Lugares de orações têm fluidos benéficos. Conversei com Deus: "Pai Amoroso, perdoa-me! E por seu intermédio rogo perdão a todos a quem ofendi. Se sou um assassino, minhas faltas são gravíssimas. Por favor, vocês a quem ofendi, perdoem-me. Por Deus, desculpem-me! Estou pagando pelos meus erros e levem em conta que devo ser doente. Perdoem-me vocês que foram prejudicados por mim! Perdoem-me!"

Lágrimas escorreram abundantes pelo meu rosto, meu pranto dessa vez era diferente, senti-me aliviado. Acho que perdoado.

Passei a ajudar todos os internos; com paciência, escutava-os, aconselhava-os, levava-os para o pátio, dava alimentos na boca dos que não conseguiam alimentar-se sozinhos, trocava-os etc.

Na reunião seguinte do grupo espírita, o senhor Rômulo não veio, e o grupo não podia ficar para a agradável conversa. Falei a uma senhora:

— Li *O Livro dos Espíritos* e queria saber mais sobre sonambulismo. É pena que o senhor Rômulo não tenha vindo, queria fazer-lhe umas perguntas.

— Leia este também, *O Livro dos Médiuns* , talvez você encontre explicações para o que quer saber. Na próxima reunião certamente o senhor Rômulo virá, então você poderá indagar.

Li e reli o livro que me foi indicado e emprestado. Ia mais cedo para meu quartinho e nem sentia o tempo passar. Encontrei em vários textos informações sobre o sonambulismo, e concluí que realmente o fenômeno deveria ser uma forma de mediunidade.

Gostei especialmente dos textos que explicavam o assunto: a primeira parte, quarto capítulo, questão 45 — "Sistema sonambúlico" —, e a segunda parte, 14º capítulo, item 6 — "Médiuns sonâmbulos". Outra questão que me impressionou foi a 162: "Sabe-se que o sonambulismo natural cessa geralmente ao ser substituído pelo sonambulismo magnético".

Fiquei contente ao ver o senhor Rômulo na reunião espírita e disse a ele que queria conversar. No final, ele gentilmente atendeu-me:

— Senhor Rômulo, li *O Livro dos Espíritos* e *O Livro dos Médiuns,* de Allan Kardec, interessado em saber sobre o sonambulismo. Sou sonâmbulo desde menino. Não lembro de nada que acontece comigo quando durmo.

— Você é o Nic, não é? Foram muito comentados aqueles acontecimentos.

— Sou sim, senhor. Não tem medo de mim? Não acha que sou um monstro?

— Não temos medo de você nem achamos que é um monstro. Daniel, agora que o conheço, acredito que realmente você não sabe o que aconteceu.

O SONÂMBULO

— Não sei mesmo e sofro com isso. Os médicos acham mais provável que eu tenha distúrbio dissociativo da identidade ou múltiplas personalidades, e eles acham estranho o fato acontecer somente quando estou adormecido. Do que tenho certeza é que me levanto dormindo. Pelo que li, posso ser médium? Esse distúrbio de personalidade seria uma obsessão? Seria curado se trabalhasse com a mediunidade?

O senhor Rômulo escutou-me com paciência e respondeu elucidando-me:

— Nós usamos mais o termo *anímico* para denominar os médiuns sonâmbulos. Você pode ser sonâmbulo por algum distúrbio de sono. Você sente a presença de espíritos? Algo diferente? Escuta vozes ou vê vultos?

— Não, senhor, não sinto nem vejo nada de sobrenatural — respondi.

— Aqui não fazemos nem está nos nossos planos fazer sessões com os fenômenos mediúnicos. Não posso responder com segurança sem pesquisar primeiro, mas acho que você não é médium e que o sonambulismo não tem nada que ver com esses crimes de que você é acusado. Daniel, existem muitas doenças quando se está desorganizado espiritualmente. Obsessões podem ser confundidas com distúrbios físicos e vice-versa. Mente sã, espírito harmonizado, corpo sadio. No nosso centro espírita, vou pedir orações para você e conselhos aos espíritos.

Peguei a obra de Kardec para ler e concluí que aquelas leituras eram e são setas seguras que levam os que leem a raciocinar e a compreender a vida.

E, como prometido, o senhor Rômulo conversou comigo na outra reunião.

— Daniel, existe uma lei justa, que é a Lei da Ação e Reação. Atos bons, consequências de aprendizados agradáveis; atos ruins, reações de dor para nos forçar a caminhar e a aprender a não fazer mais o mal. Fomos aconselhados pelos espíritos que trabalham conosco a lhe dar toda a atenção e a orientá-lo. Eles lhe pedem para ter paciência. Não irá trabalhar com a mediunidade e não é para induzi-lo. Não temos ninguém no grupo para magnetizá-lo. Não achamos que é médium, mas que tem um distúrbio físico. Paciência, Daniel, tudo passa!

Agradeci.

"Tudo passa! Mas está demorando a passar!" — lamentei.

A doutora Maria Luiza deixava-nos sair do hospital em excursões com os grupos religiosos que nos visitavam. Que gostoso era sair e passear! Fomos a uma fazenda com o grupo evangélico e ao cinema com o grupo católico. Encantei-me com o filme, deslumbrei-me ao ver imagens se mexendo e conversando na tela. O grupo espírita nos fez uma surpresa: levou-nos ao parque, onde almoçamos, dançamos e brincamos. Foram várias as excursões que fizemos.

Como essa terapia deu certo! Os doentes, sentindo-se alegres, melhoraram, e muitos tiveram alta. A religião nos fizera muito bem, como faz a todas as pessoas. Esses grupos tinham como objetivo despertar nos doentes o Amor Divino e seguiam os ensinamentos de Jesus: amar uns aos outros, independentemente de suas crenças. Eram pessoas especiais que faziam parte desses grupos, eram realmente religiosos.

A movimentação no hospital era imensa; se alguns saíam, outros doentes eram internados no sanatório e este estava sempre com todos os leitos ocupados.

Embora tivesse mais afinidade com a Doutrina Espírita, eu ia a todos os encontros e tinha amizade com todos eles. Foram bênçãos que recebemos dessas pessoas, como também o grande ensinamento: Que religiosos não devem brigar entre si nem com os outros!

Numa reunião do grupo espírita, o senhor Rômulo perguntou a um recém-internado que ele reconhecera:

— Zé, você por aqui? Que lhe aconteceu? Está doente?

— Foi essa mediunidade que me deixou louco — respondeu ele.

— Não, Zé, foi o abuso. Tentamos avisá-lo, mas você não nos escutou.

Zé esperava ansioso pelo grupo espírita. Passamos a conversar e eu soube que ele afastou-se das pessoas sensatas que tentavam ajudá-lo e orientá-lo. Era orgulhoso e achava-se importante; assim, tornou-se instrumento fácil para os espíritos mal-intencionados que queriam enganá-lo. Tornou-se ridículo praticando atos que levaram os familiares a achá-lo doente e a interná-lo.

— Leia, Zé, *O Livro dos Médiuns* — aconselhei. — Se você entender direito o que é mediunidade e como trabalhar com ela para o bem, compreenderá que o errado foi você e não a doutrina. Não deve ficar decepcionado com a religião espírita nem com sua mediunidade.

Mas ele não tinha paciência de ler, de estudar, então eu lia para ele, principalmente alguns textos que achei que lhe seriam úteis, como a introdução:

— "A experiência nos confirma todos os dias que as dificuldades e as decepções que encontramos na prática do Espiritismo têm sua origem na ignorância dos princípios dessa ciência".

E lia mais vezes a questão 47:

— Preste atenção, Zé, medite sobre o que está escrito aqui: "A confiança cega nessa superioridade absoluta dos seres do mundo invisível resultou em grandes decepções para muitos; eles aprenderam, à sua custa, a desconfiar de alguns espíritos, assim como de alguns homens".

— Tudo isso está escrito aí? — perguntou Zé, interessando-se. — Mas é muito bom!

— Ninguém devia usar da mediunidade sem conhecer esse fenômeno. Estude, Zé! — pedi. — Se você entender e colocar em prática os ensinamentos desse livro maravilhoso, poderá trabalhar com sua mediunidade, sem risco. É seta segura!

Com o meu incentivo e do grupo espírita, Zé melhorou. O senhor Rômulo disse que ele estava obsediado e que os espíritos que zombavam dele foram orientados e afastados. Zé conversava muito com o grupo e eu os escutava, recebendo preciosas lições. Recebeu alta do hospital, mas vinha nos visitar com o grupo espírita, ao qual se integrou. Passou a estudar e fez planos de trabalhar com a mediunidade quando estivesse seguro e de não se afastar mais do centro espírita.

No final de uma reunião, Marcelo, um jovem que fazia parte do grupo, ficou conversando com o senhor Rômulo. Eu estava perto e ouvi:

— Você não acha mesmo ruim receber essas críticas? Não são verdadeiras! — lamentou Marcelo.

— Marcelo — elucidou o senhor Rômulo —, que bom que não são verdadeiras. Pior se fossem! Não acho ruim, somos livres para agir e fazer, para ficar observando os outros fazerem e criticar. Analiso todas as críticas que recebo, boas ou ruins, e sempre tiro algo de bom para mim. Não quero criticar! Se às vezes acho que devo orientar alguém, faço-o em particular ou por carta.

— Mas ele foi maldoso com você! — falou Marcelo, indignado.

— Marcelo, você já ouviu o ditado "a caravana passa e os cães ladram"? Quero caminhar com a caravana, dar passo por passo com aprendizado e trabalho no bem. Não devo parar e dar atenção ao cachorro que late. Se for responder, perco tempo, que poderia ser usado em algo útil. Se paro e bato o pé, certamente o cão late mais e posso até correr o risco de latir também. Cabe somente a mim fazer minha tarefa e é dela que terei de prestar resultados. Também, Marcelo, não paro para receber as pétalas de flores dos elogios. Sorrio educadamente, agradeço os incentivos e continuo a andar. Não quero perder a companhia dos companheiros da caravana.

— Compreendo-o e admiro-o! — Marcelo disse entusiasmado com a lição aprendida.

O senhor Rômulo sorriu e foi conversar com uma senhora que via fantasmas, ou seja, desencarnados.

E fiquei pensando: "Será que eu fazia parte de alguma caravana e estaria caminhando? Pelo menos" — concluí — "não ficava latindo como os cães, não criticava ninguém nem ficava jogando pétalas". Mas não bastava somente não ficar, era preciso caminhar. E seguindo as orientações do senhor Rômulo, de que em qualquer lugar que estejamos sempre temos oportunidade de fazer o bem, esforcei-me dentro das minhas poucas possibilidades em ajudar a todos, porque fazendo o bem é que damos passos seguros.

Essas mudanças no sanatório foram muito boas para mim. Não tinha tempo de pensar na minha vida e tornei-me mais sociável. Mas tinha medo de prejudicar alguém. Ao pensar que poderia ser um assassino, entristecia-me e chorava escondido, como também chorava de saudades de Rania, dos sonhos que tivera e que não foram realizados. Esforçava-me para não ficar deprimido, não queria ter matado ninguém. Não sei se era coincidência ou providência, mas, todas as vezes que me sentia infeliz, alguém me pedia auxílio e, ao ajudar o próximo, esquecia-me de mim.

Numa das palestras do grupo espírita, uma moça falou sobre um assunto conhecido para mim, algo que já tinha lido. Comentei isso com o senhor Rômulo, que me esclareceu:

— Alegro-me, Daniel, em saber que você tem gravado o que lê! Temos sempre mestres quando estudamos, sejam eles encarnados ou desencarnados. Aprendemos muito com o que lemos. Nós, cristãos, repetimos muito os ensinamentos de Jesus. O mesmo acontece com os espíritas, que citam as orientações de Kardec, os ensinos contidos nos livros de Chico Xavier, de Divaldo Pereira Franco e outros. É natural o aluno repetir o que dizem seus mestres.

Passaram-se os anos. Eu estava tranquilo, participava de todas as atividades do sanatório. Ainda me levantava dormindo, mas bem menos; sentia-me bem.

Fizemos uma festa para Antônio, que se aposentou. Era um enfermeiro competente e bondoso, todos gostavam dele. Senti a falta desse amigo querido. Mas, para nossa alegria, ele vinha sempre nos visitar e conversava muito comigo. Numa dessas conversas, ele me afirmou:

— Daniel, acho, com certeza, do fundo do meu ser, da minha alma, que você não é assassino!

— Obrigado, Antônio!

Emocionei-me e depois chorei sozinho; Antônio foi a única pessoa que me julgou inocente. Nem eu mesmo tive a certeza que ele teve.

Eu tinha amizade com todos os funcionários do sanatório. Admirava Rosinha, uma enfermeira. Ela era ágil e bondosa; embora tivesse sempre muitos problemas, não demonstrava, e no trabalho estava sempre rindo e brincando. Rosinha era viúva, seu marido morreu jovem, deixando-a com três filhos pequenos. Ela teve de trabalhar muito para criá-los. Os filhos cresceram, sua filha casou-se e o marido abandonou-a, então Rosinha criava os dois netos, sendo um deles muito doente. Ela, como os outros funcionários, levou os filhos e os netos para me conhecer. Gostava da família desses funcionários como se fosse a minha, a que não tive.

Alguém do grupo de jovens comentou:

— Vamos fazer uma festa de aniversário. Vocês irão escolher quem será o aniversariante.

— Daniel!

Todos me escolheram. Emocionei-me.

— Não faço aniversário este mês! — falei.

— Não tem importância. Será sua a festa!

Nunca havia recebido um presente de aniversário e, ali no sanatório, nem cumprimentos. Até eu esquecia do meu aniversário.

E no domingo fizeram uma festa com bolo, doces e ganhei presentes. Chorei de alegria.

— Trinta e três anos! — falou um dos jovens.

— Já fiz, vou fazer trinta e quatro! — exclamei.

Foi uma festa muito bonita e agradável.

— É merecido, Daniel! — afirmou Rosinha. — Você é querido por todos nós.

CAPÍTULO 10

A MUDANÇA

Estávamos sentados num dos cantos do salão, a enfermeira Rosinha, uns três internos e eu conversando sobre um recém-chegado.

— Ele é conhecido como Tonico. Dizem que nunca foi muito certo e que agora cismou que a esposa o trai. Mas os vizinhos dizem que não, que a mulher dele é honesta e trabalhadeira. Espero que sare logo! — Rosinha nos informou.

— Eu também! — manifestou-se um dos presentes. — Vocês viram como ele é forte? Repete que quer matar a mulher porque ela o trai.

Mudamos de assunto. Conversávamos alegres quando, de repente, Tonico veio ao nosso encontro, correndo. Ele era realmente forte, alto e gordo. Sua expressão era de ódio; vimos que ele tinha vindo da cozinha e estava com uma faca na mão.

— Pare, Tonico! Devolva-me a faca! — gritou Rosinha.

Tonico olhou-a e gritou de modo aterrorizante:

— Mulher traidora, vai morrer!

Levantou o braço e a faca grande da cozinha brilhou como seus olhos. Tivemos medo e todos gritaram. Tudo foi muito rápido. Ele avançou na direção de Rosinha e eu fiquei na frente dela. Segurei o braço de Tonico. Eu também tinha força, era saudável e consegui controlá-lo; a faca ficou encostada no pescoço dele. Apesar da gritaria, escutei três vozes a me ordenar:

— Daniel, fira o Tonico!

— Ele matará alguém se você não o dominar!

— Mate-o! Será ele ou um de nós!

Tonico falou:

— Largue-me! Devo matar a mulher! Ela é traidora!

— Corra, Rosinha! — gritei.

Mas Rosinha não conseguia sair do lugar, e estava difícil segurá-lo.

"Feri-lo?" — pensei. — "Nunca! Posso acabar matando-o! Isso nunca!"

E não consegui mais segurá-lo. Ele venceu! Virou meu braço e a ponta da faca ficou rente ao meu peito e me feriu. Caí devagar. O socorro chegou com os gritos. Vi doutor Fernando aplicar uma injeção na veia do pescoço de Tonico e outros enfermeiros amarrando-o. O médico abaixou-se para examinar-me. Senti uma dor aguda, que passou rápido. Vi uma luz suave, quis ir em sua direção, sorri. O doutor Fernando tentava socorrer-me, mas parti com a luz. Senti como se a luz fosse um cone ou uma trilha e dormi.

Acordei sentindo-me bem. Levantei a cabeça e vi que estava num quarto grande, com várias camas. Observei tudo e gostei do lugar. Uma simpática senhora veio até mim, perguntou-me como eu estava e serviu-me um delicioso suco.

— Se quiser , Daniel, pode dormir de novo.

— Querer até quero, mas não posso! A senhora está sendo muito gentil, mas é que dormindo posso ser perigoso.

— Você não é perigoso! — exclamou ela gentilmente.

— Como pode afirmar? Conhece-me? — perguntei.

— Você tem a aura de pessoa tranquila e pacífica, ou seja, a expressão — respondeu a senhora.

— Mas mesmo assim é melhor eu dormir trancado. Por favor, estou mesmo com vontade de dormir, providencie para mim um quartinho em que possa ficar trancafiado — pedi.

— Não vou fazer isso! — a senhora expressou parecendo ter ficado indignada com o meu pedido. — Não há motivo para você ficar trancado. Aqui não temos quartos assim. Daniel, você pode dormir sossegado. Eu cuido de você.

— Então não durmo! Imagine, a senhora cuidar de mim. Que perigo!

Eu estava com sono mas não dormi. A enfermeira observava-me, acho que ela chamou a médica e esta veio sorrindo.

— Sou Estefânia! Por que você não quer dormir se está com sono?

— Doutora, sou sonâmbulo e acusado de ter cometido crimes dormindo. Somente dormirei tranquilo se estiver trancado.

— Daniel, você lembra o que lhe aconteceu?

— *Aconteceram tantas coisas na minha vida... A que a senhora se refere?*

Ela sorriu e eu senti os grupos religiosos que visitavam o sanatório orando por mim, as vibrações dos amigos evangélicos, dos católicos e dos espíritas. Senti um grande bem-estar. Olhei para a médica, que me observava com carinho, então me lembrei:

— *Tonico feriu-me! Recordo-me de tudo!* — exclamei.

Abri a camisa do pijama e olhei meu peito. Nem sinal do ferimento! Fiquei de cabeça baixa, dobrei o lençol sem saber o que fazer. Escutei, sem entender como, amigos desejarem a mim:

"Daniel, que Deus o tenha na santa paz!"

"Daniel, que Deus seja misericordioso no seu julgamento!"

"Que você, meu amigo, possa compreender que mudou de plano e que agora está na espiritualidade!"

Levantei a cabeça e ali estava a médica olhando-me e sorrindo.

— *Morri?* — perguntei baixinho.

— *Mudou de plano!* — respondeu a doutora Estefânia.

— *Sei!* — falei sem saber o que fazer ou como agir.

A doutora aproximou-se do meu leito, ajeitou meus cabelos e então dormi tranquilo.

Acordei e vi a doutora Estefânia atendendo outra pessoa no leito ao lado.

— *Doutora Estefânia, por favor!* — chamei-a.

— *E então, Daniel, como se sente?*

— *Bem* — respondi. — *Queria saber se me levantei enquanto dormia.*

— *Não se levantou nem irá fazê-lo mais* — afirmou ela. — *Sonambulismo era um distúrbio do seu corpo físico. Garanto a você que não irá mais se levantar dormindo.*

— *Garante mesmo?*

— *Sim!* — assegurou a doutora Estefânia com firmeza.

Continuei preocupado, mas fiz o que eles recomendavam: alimentava-me, ia ao jardim e somente adormecia quando cansado. Estava apreensivo, preocupado em não me levantar dormindo, que nem liguei para o fato de que desencarnara. Pareceu-me uma mudança normal, de um hospital para outro.

"Estou cansado de descansar" — pensei. — *"Vou pedir para fazer alguma coisa".*

E assim que vi um enfermeiro, pedi:

— *Será que não posso trabalhar na horta? Aqui tem uma, não tem? Com esses caldos e sucos gostosos, a horta deve ser grande e fértil.*

— *Não temos planos de colocá-lo para trabalhar na horta* — respondeu o enfermeiro. — *Você, sentindo-se bem, irá para a escola onde estudará e aprenderá a ser útil.*

— *Junto de outras pessoas?* — perguntei.

— *Sim, por que isso o preocupa?*

— *Acho que posso ser perigoso.*

O enfermeiro saiu e logo em seguida voltou e convidou-me:

— *Daniel, o orientador deste hospital quer falar com você. Venha, ele é sábio e muito bondoso.*

Acho que ele disse isso para que eu não ficasse com receio. E esse orientador recebeu-me com um abraço fraterno.

— *Daniel, de que ou de quem tem medo? Você já compreendeu que desencarnou, que teve seu corpo físico morto. Mereceu estar aqui, numa colônia, numa cidade no Plano Espiritual. Irá, se quiser, frequentar uma escola, onde aprenderá muitas coisas, como, por exemplo, a viver aqui na espiritualidade.*

— *O senhor sabe que fui sonâmbulo? Ou que sou?* — perguntei.

— *Encarnado você foi e agora não é mais.*

— Sou doente, posso ter múltiplas personalidades — falei baixinho.

— Você não foi doente, não teve distúrbio dissociativo de individualidade. E agora não tem mais sonambulismo. Fale para mim o que o preocupa — pediu ele gentilmente.

Meu peito doeu de aflição. *"Será que ele sabe que eu sou acusado de ter assassinado aquelas mulheres?"* — pensei. — *"Aquele homem simpático, o orientador daquele hospital, sabe o que aconteceu comigo?"* — olhei para ele, que me olhava sorrindo, e perguntei-lhe, falando depressa:

— *Sou um assassino?*

— *Não, Daniel, você não assassinou ninguém nessa encarnação* — respondeu ele com segurança.

Abri a boca, mas não consegui falar nada. O orientador explicou:

— *O sonâmbulo não pratica atos que não praticaria quando acordado, consciente, e não temos registros de alguém anímico, com distúrbio do sono como o sonambulismo, que assassinasse alguém premeditadamente. Se a pessoa não tem a índole violenta, não se afina com a violência. Você foi um sonâmbulo que se levantava, trocava de roupa, andava e voltava para seu leito. Não fez nada mais que isso.*

— *Não sou assassino! Repita, por favor!* — roguei.

— *Você, Daniel, não matou aquelas mulheres. Não é assassino!*

— *Ahh!*

— *Daniel, pode comemorar se quiser. Pode pular, gritar, você tem todo o direito de estar alegre.*

Olhei para uma porta que estava aberta e vi um jardim, para onde saí apressado. Meus pés tocavam o gramado macio e verdinho. Pulei e gritei até que cansei e sentei.

— *Obrigado, meu Deus! Obrigado!* — chorei aliviado.

Deitei e acordei no leito do quarto com um enfermeiro sorrindo.

— *Daniel, vim buscá-lo para levá-lo à escola.*

Compreendi que adormecera no jardim. Sorrindo feliz, levantei-me, vesti a roupa que o enfermeiro deu-me e fui com ele para a escola.

Tudo para mim estava bom. Achei o local lindo, sentia-me bem e feliz como nunca pensara ser.

"Não matei ninguém! Não sou um assassino!" — pensava e sorria.

— *Que escola agradável! Bonita!* — exclamava.

Fiquei no alojamento, num quarto com Roberto, um senhor muito simpático, e logo nos tornamos amigos. Fazia tudo do melhor modo possível. Não me preocupei com a minha desencarnação; parecia que nada mais para mim tinha importância que o fato de ser inocente.

Mas essa euforia passou; fiquei tranquilo e interessado em aprender. Fiz amigos, éramos vinte e dois alunos, todos com vontade de conhecer o lugar em que estávamos. Eu parecia um menino extasiado diante de tantas belezas. O primeiro assunto, as colônias espirituais, foi envolvente, fiquei interessadíssimo. Foi então que conheci o lugar em que fui abrigado[1]. Percebi que estava livre, tanto do corpo pesado e material como do medo de ter sido um criminoso. Amei a liberdade!

Às vezes, pensava nos amigos que continuavam encarnados e recebia deles incentivos e lembranças carinhosas. A enfermeira

---

1 N.A.E. O curso que Daniel fez é o mesmo que Patrícia descreve no livro *Vivendo no mundo dos espíritos* (Petit Editora,). Se o leitor quiser saber mais sobre essa forma de estudo na espiritualidade, nesse livro encontrará mais informações.

Rosinha orava com gratidão por mim, e foi por escutá-la que soube que Tonico não se feriu e que estava melhorando com o tratamento. Sentia muita pena de Tonico. Pensei: "Quando ele ficar sadio e souber que me matou, irá sofrer. É tão triste sentir remorso. Mas ele não teve culpa, não estava bem quando me assassinou. Coitado, com certeza se sentirá infeliz". Fazia preces para ele, desejando que não sofresse e que melhorasse. Não senti, em nenhum momento, raiva dele, e orando aprendi a amá-lo.

Eu recebia as orações dos grupos religiosos com votos para que fosse feliz. Muitos internos também rezavam por mim. De minha parte, orava por todos, desejando que estivessem bem.

— *Daniel* — chamou-me um professor —, *Júlio, que é o orientador da escola, quer conversar com você.*

Atendi e o orientador explicou-me:

— *O doutor Fernando, o médico que tratou de você, procurou o grupo espírita que visita o sanatório e com eles conversou muito sobre a possibilidade de se comunicar com você, no centro espírita que frequenta. Esse médico é um bom profissional, bondoso, e seu pedido merece ser atendido, porque será muito proveitoso se ele e a doutora Maria Luiza continuarem com o trabalho e o tratamento que fazem no sanatório. O doutor Fernando quer saber se você foi um assassino. Mas é você quem decide se quer ir ou não. Está sendo convidado.*

— *Como faço para ir lá e falar com ele?* — perguntei.

— *É fácil, no horário marcado, você irá comigo ao centro espírita e aguardaremos a nossa vez. Você se aproximará de um médium psicofônico e essa pessoa repetirá aos encarnados o que você disser. Quer ir?*

Pensei no doutor Fernando, na doutora Maria Luiza e em como era o sanatório antes e atualmente.

— *Aceito!* — afirmei.

Dia e hora foram marcados, e esperei ansioso que esse dia chegasse. Então o orientador veio me buscar. Para mim, era tudo novidade, e achei fantástico.

— *Vamos com uma equipe no aeróbus — explicou Júlio —, isto é, um veículo que usamos aqui. É rápido e estaremos no centro espírita em minutos.*

Maravilhado, entrei na condução, sentei-me e pude ver melhor o veículo, que me pareceu um misto de ônibus e avião que deslizava. O portão abriu-se, saímos da colônia, observei o espaço e logo vi a cidade dos encarnados. Paramos acima de uma construção material, de uma casa onde funcionava o centro espírita.

— *Venha, Daniel!* — Júlio teve de me puxar porque, deslumbrado, observava tudo.

— *Que engraçado!* — exclamei rindo.

— *De que ri?* — Júlio perguntou.

— *Estou achando graça em ver os encarnados. Parece que somos tão parecidos! Mas, ao vê-los tão perto, percebo que somos muito diferentes.*

Entramos no salão onde os encarnados se preparavam para mais uma reunião de desobsessão. Desencarnados também chegaram e um deles veio cumprimentar Júlio.

— *Este é Daniel* — Júlio nos apresentou. — *Daniel, este é Benedito, o orientador da casa.*

— *Agradeço-lhe por ter vindo, Daniel* — disse Benedito gentilmente. — *O doutor Fernando necessita falar com você. Sabe o que irá acontecer aqui?*

— *Vi em fitas no curso que estou fazendo; acho que serei capaz* — respondi.

Passou por nós um desencarnado estranho, para não dizer feio. Dois trabalhadores da casa apoiavam-no, ele bufava, isto é, fazia um barulho estranho, estava sujo, tinha uma expressão de ódio. Assustei-me e Benedito explicou-me:

— *Esse desencarnado foi assassinado e está com muito ódio de seu assassino, que está preso. Seus familiares vieram aqui e pediram ajuda para ele. Nossos trabalhadores foram buscá-lo e aqui receberá orientação.*

— *Será socorrido?* — indaguei.

— *Dependerá de ele aceitar o que iremos oferecer. Para receber o socorro ele terá de perdoar e esquecer a vingança* — esclareceu Benedito.

Benedito indicou o local onde deveríamos ficar e afastou-se, pois tinha muito o que fazer. Vi desencarnados necessitados chegarem. Perguntei ao Júlio:

— *Muitos que foram assassinados e não perdoaram não podem ser ajudados?*

— *É mais difícil para quem não perdoa ser socorrido pelos bons espíritos. Você foi assassinado, perdoou e pôde ser ajudado. O ódio liga as pessoas.*

— *Júlio, as moças mortas dos crimes de que fui acusado não me procuraram?*

— *Não* — explicou-me Júlio. — *Elas sabiam quem as tinha matado. Sei de um pai que ao desencarnar, achando ter sido você que assassinara sua filha, foi até o sanatório para vingar-se. Mas, ao chegar perto de você, soube logo que não era o criminoso. Quem mata alguém irradia seu ato. Não se engana a espiritualidade.*

O doutor Fernando chegou, sentou-se e orou distraído, pedindo para que eu o atendesse e ajudasse.

Tudo ali era ordem e disciplina. Começou no horário marcado, fez-se a leitura de um texto muito bonito e uma senhora falou sobre o que foi lido. Todos os encarnados e desencarnados prestaram atenção; alguns espíritos necessitados choraram.

Os trabalhadores da casa aproximavam os desencarnados necessitados de ajuda para perto dos médiuns encarnados e, maravilha das maravilhas, eles falavam e os médiuns repetiam, e um outro encarnado conversava com eles, orientando-os.

Notei que era como uma telepatia, elos ligavam suas mentes. Os necessitados recebiam energias que os levavam a raciocinar e a perceber que haviam mudado de plano. Aquele desencarnado com ódio também recebeu esclarecimentos; rebelde, ficou em dúvida se aceitava o socorro, pois queria mesmo era vingar-se. Um desencarnado valentão teve de ser dominado, pois queria brigar, bater nos trabalhadores.

— *É a sua vez, Daniel!*

Aproximei-me da médium e cumprimentei:

— *Boa noite!*

— Boa noite! — repetiu a médium.

— *Sou Daniel e vim falar com o doutor Fernando.*

O doutor Fernando levantou a cabeça e, como já estava orientado, conversou conosco, comigo e com a médium:

— Daniel, que bom que você veio! — exclamou o doutor Fernando. — Antes de conversarmos, quero que você me responda o que tem na minha sala que você gostava de olhar.

O SONÂMBULO

— *Um mapa* — respondi.

— Uma carta — disse a médium.

— *Mapa!* — insisti.

— Um mapa — repetiu a médium.

— Que presente você me deu de que gostei muito? — perguntou de novo o doutor Fernando.

"Presente?" — pensei. — *"Que será que ele quer saber?"*

Não me lembrava. Olhei para Júlio, que estava perto de mim.

— *Algo da horta! Mas o que será?* — perguntei.

— Coisas da horta — repetiu a médium. — Mas o que será?

De repente lembrei-me e exclamei, e a médium repetiu:

— Abóbora!

— É você mesmo, Daniel! — confirmou o doutor Fernando. — Diga-me uma coisa: você era o assassino?

— *Não, doutor Fernando* — respondi, e a encarnada que intermediava nossa conversa repetiu direitinho. — *Não fui eu! Não sofria de distúrbio dissociativo e como sonâmbulo somente me levantava e andava. Não matei ninguém!*

— Quem foi, então? — curioso, o doutor Fernando quis saber.

— *Não sei!* — respondi.

— Desculpe-me, Daniel, eu era a única pessoa que poderia tê-lo ajudado e não o fiz.

— *Desculpado! Não se culpe por isso. Era tudo muito complicado. Doutor Fernando, quando Tonico se curar, diga-lhe para não sentir remorso; ele não teve culpa, eu lhe perdoo. Também quero lhe pedir, doutor Fernando, para continuar a terapia do carinho com os internos. Eles merecem! E somente ter cautela com os recém-chegados.*

— Você era inocente e eu não o ajudei!

142

— *Não podia ter certeza, nem eu tinha! Tenho de ir. Boa noite, doutor Fernando. Obrigado!*

— Boa noite! — respondeu o doutor Fernando.

Senti-o agoniado e quis ajudá-lo. Vi então saírem de mim fluidos claros e brilhantes, que foram até ele, que os recebeu. Para não atrapalhar, fiquei quieto e voltamos, Júlio e eu, para o nosso lugar. A reunião acabou com uma linda oração. Vi o doutor Fernando sair rápido; ele estava melhor. Indaguei ao Júlio o que havia acontecido, e ele explicou-me:

— *Você, querendo ajudá-lo, enviou-lhe vibrações de carinho. O doutor Fernando poderia não tê-las aceitado, aí elas retornariam a você, mas ele as recebeu e sentiu-se bem.*

— *Por que ele me fez aquelas perguntas? Não me lembrava da abóbora.*

— *O doutor Fernando quis certificar-se de que era você o espírito com quem ia falar. Ele lembrava da abóbora e você tinha esquecido. Isso acontece muito. Duas pessoas presenciam o mesmo fato; uma delas o grava, a outra não.*

— *Quase que não respondi porque não sabia! Esqueci! Ainda bem que deu certo, e espero que o doutor Fernando e a doutora Maria Luiza continuem com o trabalho no sanatório.*

— *Eles vão continuar* — falou Júlio. — *O doutor Fernando irá atendê-lo! É isso que esses dois médicos querem e sabem que têm de fazer.*

— *Ele ficou aborrecido por não ter me ajudado* — eu observei.

— *Como você o desculpou, ele compreendeu.*

Voltamos no aeróbus e fui para o meu alojamento.

"Que mundo fantástico!" — pensei. — *"Como Deus é misericordioso!"*

CAPÍTULO 11

LEMBRANÇAS

Eu estava gostando demais dos estudos, principalmente das aulas práticas, em que aprendíamos a trabalhar e a sermos úteis. Conversávamos muito, comentávamos fatos que aconteceram conosco. E escutando histórias dos amigos, tirávamos lições preciosas, e sempre uma delas se encaixava no assunto estudado. Havia também muito interesse em saber como tinha sido a vida dos colegas, principalmente como tinham desencarnado.

— *Somos muito solitários!* — exclamou Rodrigo. — *Somos sim! Por mais que procuremos a companhia do próximo e o amemos como irmão, somos solitários. Querem um exemplo?* — indagou Rodrigo diante das nossas indignações. — *Reencarnei, recebi a ajuda de muitos para voltar ao Plano Físico. Reconheço que sem esse auxílio não reencarnaria. Amei muito minha mãe, ela ficou doente e não pude sofrer no lugar dela nem um instante. Compreendi que não sofremos no lugar do outro. Minha mãezinha desencarnou, tive outros afetos, mas, mesmo assim, não consegui sofrer por eles. E quando foi minha vez, fiquei doente e desencarnei sozinho, isto é, fiz a minha mudança de plano de maneira solitária!*

O professor Áureo interferiu e explicou:

— *Rodrigo, somos solitários, mas devemos ser solidários. Você tem razão; para reencarnarmos, necessitamos do auxílio de muitas pessoas, do trabalho do nosso próximo. Não sofremos no lugar de outro, por mais que o amemos, mas podemos permanecer ao lado dele, ajudando-o com nosso carinho e presença. Isso é ser solidário. Somos solitários porque cabe a cada um de nós caminhar, dar passos rumo ao progresso. Podemos ter ajuda nessa caminhada, incentivos, até mesmo alguns empurrões, mas cabe a nós dar os passos. Ninguém caminha em nosso lugar. E nessa caminhada recebemos ou damos ajuda, que é a solidariedade.*

— *Seria impossível fazermos tudo junto de afetos. Já pensou se na sua desencarnação sua esposa desencarnasse e os seus filhos os seguissem e viessem também para a espiritualidade? Seriam desencarnações em série e, no final, não ficaria ninguém encarnado* — opinou Nair.

— *Tudo o que Deus fez e faz é perfeito!* — exclamou Maria Lúcia.

— *Você tem razão* — concordou Jair. — *Eu tinha três filhos e uma esposa muito amada. Num acidente, os quatro desencarnaram e somente eu fiquei; pensei que ia enlouquecer de dor. Ainda bem que não pensei em me suicidar, pois tinha a convicção de que, se me matasse, não ficaria junto deles. Ainda bem que pensei assim, de maneira correta. Reagi com a ajuda dos meus irmãos. Trabalhei muito e tornei-me mais religioso. Anos depois, arrumei outra companheira, que era viúva e tinha dois filhos pequenos, para os quais fui um pai. Muito tempo depois desencarnei tranquilo, e os quatro me receberam na espiritualidade com muito amor. Assim que terminar este curso vou morar com eles. Minha esposa não se aborreceu por eu ter tido outra companheira; pelo contrário, é grata a ela por ter me ajudado. Devemos compreender que a separação de pessoas que se amam é temporária e que sempre há o reencontro. Não me sinto solitário e nem me senti; fui ajudado e ajudei. A solidariedade faz com que não nos sintamos sozinhos.*

— Já escutei muitas vezes um ditado que acho certo: "Quem está com Deus não está só!" — expressou Leonardo. — Eu vivi sessenta anos encarnado, não tive família, mas tive amigos e senti sempre Deus dentro de mim, por isso nunca me senti sozinho! Mas compreendo que somos nós que temos de caminhar, de sentir as dores físicas e morais. Reencarnamos sozinhos e desencarnamos também. Porém, como somos necessitados de ajuda para viver, precisamos ajudar também.

— Luzia, acho que você sabe bem o que é solidariedade; fale-nos um pouco de sua vida — pediu Rodrigo.

Olhamos para Luzia, que normalmente falava pouco. Ela sorriu e começou:

— Quando encarnada, fui religiosa, uma freira, irmã de caridade. Tomei conta de um orfanato por cinquenta e dois anos. Amei aquelas crianças como filhos do coração. Ajudei-as como pude. Tive uma desencarnação tranquila e quero, assim que terminar o curso, ir para o Educandário onde continuarei

meu trabalho, cuidando de crianças que voltaram para o Plano Espiritual.

— Você, sendo uma religiosa e pela sua religião, acreditava que morrer seria diferente. Não estranhou? — perguntou Nair.

— Não estranhei nada — respondeu Luzia. *— Quando encarnada, cheguei a pedir a Deus que não me desse um paraíso ocioso, e Ele me atendeu!*

O professor interferiu para nos esclarecer:

— Jesus nos informou que um dia serão as ovelhas separadas dos cabritos. E quando isso ocorrer, somente será indagado, a cada um de nós, se fizemos o bem ou não. Quem retorna à espiritualidade com boas ações, volta com tesouro que a traça não rói e nenhum ladrão rouba. E, completando o assunto, Luzia foi solidária, fez o bem sem olhar a quem, sem esperar recompensa, e voltou ao Plano Espiritual como bem-aventurada. As religiões nos indicam o caminho.

— Professor Áureo, você também se sentiu só? — curiosa, Nair quis saber.

— Se pensar que nos principais momentos de minha vida tomei decisões e agi sozinho, senti solidão; mas ao ver, sentir e amar os companheiros de jornada, mesmo que estes estejam sempre se renovando, a solidariedade é mais forte. Já reencarnei muitas vezes, tive por afetos muitos irmãos, isso para aprender a amar a todos. Agora, trabalhando na escola, renovam-se meus alunos de tempos em tempos, e eu os amo. Estou no Plano Espiritual há cento e vinte anos. Não tenho familiares da minha última encarnação aqui; todos estão encarnados, têm outros nomes e famílias. Aprendo com meus alunos a ter a humanidade toda

por minha família. Embora tendo muitos companheiros ao meu lado, sou eu quem tenho de caminhar.

— *Conclusão:* — manifestou-se Mário — *se, às vezes, temos de agir sozinhos, não nos esqueçamos da solidariedade que nos une.*

Eu escutava quieto. Meus colegas olharam na minha direção e pediram que falasse de mim. Contei-lhes como foi minha passagem no Plano Físico. Comovi-os, foram muitos os comentários:

— *Que existência triste!*

— *Você sofreu, amigo! É corajoso!*

— *Foi nobre de sua parte ter perdoado Tonico!*

— *É um herói!*

Continuamos com nossa aula, mas algo mudou dentro de mim. No alojamento, fiquei pensando que deveria ser mesmo um herói. Sofri resignado, fiz até o bem para algumas pessoas, realmente passei por muitas dificuldades. Tive pena de mim. Achei que era de fato merecedor de estar ali. Certamente, sofri mais que os professores. E esses pensamentos fizeram-me mal, sentia-me cansado, aborrecido, mal-humorado e não prestava mais atenção nas aulas.

Três dias se passaram e, num intervalo das aulas, Júlio veio conversar comigo.

— *Daniel, depois de amanhã você terá a tarde livre. Assim, convido-o para que venha comigo ao Departamento das Reencarnações para que se recorde um pouquinho de sua existência anterior a esta. Acho que vai querer saber o porquê de você ter tido essa reação, e que ação praticou para ter essa última existência sofrida. Você sabe que as Leis Divinas são justas. Com certeza, sabendo o que ocorreu com você, irá se sentir melhor.*

Senti um calor no rosto, envergonhei-me e aceitei. Continuei distraído. Receei em ir, orei muito, então senti que era necessário, pois essa autopiedade não estava me fazendo bem.

No horário marcado, fui à sala de Júlio, que já me esperava, e caminhamos até o prédio do Departamento das Reencarnações. Júlio foi falando, comentou sobre a colônia, mas eu não conseguia prestar atenção, estava ansioso.

Chegamos e fomos direto a uma sala onde nos aguardava Solange, uma senhora simpática, que me explicou:

— *Daniel, vou induzi-lo a recordar. Lembrará somente de fatos importantes que o ajudarão a compreender o porquê de ter tido muitas dificuldades em sua última encarnação.*

Sentei-me confortavelmente numa poltrona reclinável e prestei atenção nas orientações de Solange. Senti-me no espaço, depois me vi em outro corpo, de um homem jovem, forte e arrogante.

Eu morava numa fazenda, onde meu pai era um fazendeiro rico, e tinha muitos irmãos. Gostava de trabalhar, mas era obcecado pelas negras escravas, e as perseguia.

Vi as cenas, senti-as; estas passavam rápidas pela minha mente.

Meu pai arrumou uma esposa para mim; fiquei indiferente, mas acabei casando. Com a desencarnação de meu pai, repartimos as terras e mudei-me com esposa, filhos e alguns escravos para outro local.

Não amei minha esposa, que era uma pessoa boa, dedicada aos filhos. Tivemos oito, não a tratava bem e a traía com as escravas.

Não castigava os escravos, achava que deveriam ser bem alimentados, ter folgas e momentos de festa para que trabalhassem melhor. Mas três escravos meus, descontentes com a escravidão, fugiram. Mandei, então, que fossem perseguidos e mortos. Quando ficava sabendo que engravidara uma escrava, fazia-a abortar com chás de ervas, mas mesmo assim tive filhos com algumas delas e não os reconheci. Filhos de escravos eram cativos.

Comecei a desejar as meninas, as adolescentes, e as obrigava a ficar comigo. Interessei-me por uma meninota que era recatada e a mãe dela me implorou:

— Sinhô, deixa minha menina em paz. Ela é uma santinha, quer ficar virgem, não quer ter homens.

Forcei-a, ela resistiu, então bati nela. A menina se defendeu, empurrei-a, ela caiu e bateu a cabeça. Muito sangue saiu do corte, tive relações com ela assim mesmo, agonizando. A menina faleceu. Para mim, foi somente uma escrava que falecera. A família chorou e a enterrou. A mãe não me disse nada, mas seu olhar me incomodava, acusando-me. Então eu a vendi, separei-a de seus seis filhos.

Forcei outras meninas escravas a ter relações sexuais comigo. Desencarnei muito doente e sofri por anos no umbral. Algumas pessoas que prejudiquei não me perdoaram e me perseguiram. Cansado de sofrer, arrependi-me e quis mudar. Fui socorrido, pedi para reencarnar e aprender pela dor a ser melhor.

As lembranças pararam. Vi-me na sala com Júlio e Solange. Chorei por alguns minutos.

— *Que tolo fui! Como pude achar-me merecedor, herói e importante!* — exclamei.

— *Daniel* — Solange esclareceu-me —, *não é nossa intenção deixá-lo arrasado. De fato, você, sendo Daniel, quitou com sofrimentos suas dívidas. Sofreu resignado, seu espírito sabia* que iria passar por isso, tinha feito sua escolha. Mas também aprendeu muito, foi bom, fez o bem. Agiu de tal forma que dessa vez foi merecedor, ao desencarnar, de ser socorrido, de estar aqui estudando para ser um servo útil. O passado ficou para trás. As reações de suas ações erradas, você já as pagou. E esse passado não deve perturbá-lo mais.

— Daniel, você precisava compreender que não sofreu injustamente — opinou Júlio.

— Vocês têm razão — admiti. — Necessitava mesmo recordar e devo ser grato por não estar ainda no umbral, de ter tido oportunidade de reencarnar e de resgatar meus erros. Fiz muito mal! Será que essas pessoas me perdoaram?

— Sim, perdoaram — afirmou Solange. — Seus filhos não lhe guardaram rancor. Sua esposa também não. Alguns escravos o perseguiram no umbral; achando-se quites, seguiram seus caminhos. A menina que morreu perdoou-lhe em seguida e foi socorrida. A mãe, a negra que você vendeu e separou dos filhos, essa sofreu muito, sentiu muita raiva de você. Mas ao desencarnar soube, como você fez agora, o porquê de tudo ter ocorrido com ela.

— Acho que foi ela quem mais prejudiquei! — exclamei. — As pobres meninas! Por que fiz isso? Fui um monstro! Foi justo eu ter sido chamado assim nessa minha última encarnação e ter ficado preso no sanatório.

— Daniel, por favor, não passe da autopiedade para a autocondenação — pediu Júlio.

— Essa mãe escrava deixou-lhe uma mensagem — contou Solange. — Lembra-se daquele dia em que você foi à Sala Comunitária, orou e rogou perdão? Todos os que você magoou ouviram suas súplicas. Você se sentiu aliviado e perdoado porque *o foi. Vou passar na tela uma mensagem que ela deixou para você. Nessa época, ela estava aqui conosco, preparava-se para reencarnar, tanto que dois meses depois voltou à matéria.*

Solange apertou uns botões e na tela apareceu a mãe negra que vi nas minhas lembranças. Estava feliz, risonha, e falou de modo simples e com voz agradável:

"Sinhô Daniel, recebi seu pedido de perdão e lhe respondo: perdoo! Não se sinta devedor comigo. Reconciliemo-nos! Desejo-lhe paz e que aproveite a oportunidade no presente para aprender e dar largos passos para o progresso. Que Deus o abençoe!"

A tela se apagou e chorei alto, emocionado.

— *Será que um dia poderei fazer o bem a alguma dessas pessoas que prejudiquei?* — perguntei.

— *Não importa a quem ajudamos, o bem deve ser feito a todos. Somos irmãos, filhos do mesmo Criador. Se eles lhe perdoaram, você não deve se julgar devedor* — explicou Solange.

— *Todos os que recordam suas existências passadas o fazem desse jeito?* — perguntei curioso.

— *Existem muitas formas de recordar* — respondeu Solange.
— *Algumas pessoas têm lembranças sozinhas, recordam fatos isolados, podendo estar encarnadas ou desencarnadas. Outras são induzidas, e os motivos para isso são muitos. Vingadores apreciam ver suas vítimas sofrerem com algumas lembranças; terapeutas para tentar resolver algumas dificuldades e fobias. Aqui, neste departamento, tentamos ajudar os que pedem auxílio para recordar. Muitos necessitam lembrar o passado para compreender o presente. Há quem recorde muitas existências; outros, somente fatos. Quando você estava encarnado, o doutor Emílio com o uso de medicação conseguiu com que você falasse*

de sua encarnação anterior. Porém, não tendo conhecimento sobre reencarnação, ele julgou que suas recordações se referiam a esta vida e que nesta existência assassinou.

— *Você está se sentindo bem?* — indagou Júlio, e, com a minha afirmativa, convidou-me: — *Vamos embora.*

Agradeci a Solange e despedimo-nos. Voltamos à escola. Estava diferente, era o Daniel de antes.

— *Lembre-se, Daniel* — aconselhou Júlio —, *você não deve ter pena de si mesmo nem se condenar. Não tem por que sofrer mais de remorso. Se você devia, pagou; e quando pagamos, devemos sentir apenas gratidão.*

E foi isso que fiz. Senti gratidão pelas pessoas que me perdoaram, pelas oportunidades de quitar dívidas e por Deus pela sua infinita misericórdia.

Passei o resto da tarde de folga pensando em tudo o que recordei e concluí:

"Estou tendo a oportunidade de fazer o bem, de reparar o mal com a construção de boas obras. Vou aproveitá-la e fazer o curso; quero aprender para fazer o bem sem olhar a quem. E se alguma das pessoas que maltratei estiver sem que eu saiba entre aquelas que ajudarei, então eu é que estarei recebendo graças. Tomara que elas não estejam entre os necessitados, que o sofrimento que lhes causei as tenha feito caminhar para o progresso. Se elas caminharam, eu tenho de andar também, e de preferência depressa, já fiquei muito tempo parado".

E fui, alegre, para a classe, pois outra aula se iniciaria.

O passado passou, mas o presente, com muitas oportunidades, estava ali, e cabia a mim fazer do momento atual uma época de boas recordações, pois estas logo pertenceriam ao passado.

CAPÍTULO 12

PERDÃO

Logo que possível, contei para meus colegas de classe o que havia me recordado da encarnação anterior, e os comentários foram diferentes desta vez:

— *Está vendo, Daniel, como você não foi santo?*

— *Matou na outra existência, não pagou pelo crime e nesta última ficou preso.*

— *Teve a reação das más ações!*

— *Ainda bem que tudo já passou e você agora deverá somente pensar em aprender.*

— *Você, Daniel, já o perdoou?* — quis saber Nair.

— *Claro, já não contei que quero que Tonico esteja bem? Até pedi para o doutor Fernando falar com ele* — respondi.

— Não, Daniel, não é do Tonico que falo — insistiu Nair. — É da pessoa que assassinou as moças e deixou que você ficasse preso no sanatório sabendo que era inocente. Você já o perdoou?

— Perdoar?! Não sei! Acho que sim! Não tinha pensado nisso. Ele foi maldoso comigo! Foi também com outras pessoas — lamentei.

— Com as moças assassinadas! — exclamou Maria Lúcia.

— É que ele não pediu perdão. Nem sei se ele quer ser perdoado — falei.

— Isso é fácil de saber. Pergunte ao Júlio, com certeza ele saberá informá-lo. Daniel, você sabia que podemos perdoar sem que nos peçam perdão? — contou Martinha.

— Como assim? — perguntei.

— Eu fiz isso! — disse Martinha. — Era casada, tive três filhos, quer dizer, tenho, porque serei sempre mãe deles. Meu marido e eu brigávamos muito. Chegamos ao ponto de nos odiar e, numa briga, ele me assassinou. Foi preso. Minha avó espírita, que me ajudou, pediu aos seus amigos encarnados e desencarnados que me auxiliassem. Eles me orientaram em sessões de desobsessão, quando então compreendi que tinha mudado de plano. Meus filhos, traumatizados, ficaram com meus pais, mudaram de cidade e, com o carinho dos meus genitores, estão superando o ocorrido. Entendi que poderia ter sido mais paciente e evitado tantas brigas; até mesmo teria sido melhor se tivesse me separado do meu marido. Perdoei-lhe, assim não fiquei ligada a ele. Pude ser socorrida, abrigada nesta colônia, onde estou aprendendo a viver como desencarnada, e estou bem. Mas meu marido ainda me odeia, culpa-me por estar preso e infeliz. Não se arrependeu por ter me assassinado, *não acha que deve se desculpar nem quer me perdoar, porque me acha culpada.*

— *E você, como age diante dessa atitude dele?* — perguntou Nair.

— *Tenho orado por ele* — respondeu Martinha. — *Já lhe pedi perdão e lhe perdoei, resolvendo meu problema maior. Espero que ele resolva o dele ainda encarnado, que me perdoe e que me peça perdão. Se ele perdoar, estará fazendo um bem a si mesmo.*

— *Se você não lhe tivesse perdoado, o que teria acontecido?* — perguntou Maria Lúcia.

— *Os sentimentos de ódio e rancor fazem aqueles que os sentem se atraírem. Certamente, se eu estivesse perto dele querendo me vingar, trocando energias maléficas, estaria sofrendo como sofrem todos os que sentem raiva, não estaria aqui desfrutando dessa paz e alegria. Com ele, iria perturbar-me e perturbaria outras pessoas, talvez até mesmo meus filhos. Ainda bem que aceitei as orientações do grupo espírita e perdoei. Assim, Daniel, podemos perdoar sem que nos peçam perdão.*

Nossa professora, que ouvia nossos comentários, completou a lição com muita sabedoria:

— *Devemos aprender a viver de tal forma que nunca necessitemos pedir perdão ou perdoar. É isso mesmo que ouviram, meus caros estudantes. Se não fizermos nada de mal a ninguém, se não ofendermos, não necessitaremos pedir perdão. Se compreendermos o próximo e não nos melindrarmos, também não seremos ofendidos e não necessitaremos perdoar.*

No primeiro intervalo que tivemos, pedi para falar com Júlio, que me atendeu com gentileza, tentando como sempre orientar-me.

— *Júlio* — falei —, *fui acusado de crimes que, graças a Deus, não cometi. Fui maldoso no passado, pedi perdão e fui perdoado. Sei bem que somos perdoados quando perdoamos. Sendo assim, queria ir até quem cometeu esses crimes e me acusou. Sei que ainda está encarnado. Será que não é possível eu ir até ele para dizer que lhe perdoo? Não quero ter vínculos com essa pessoa, quero mesmo é que se arrependa. Mas ainda não senti da parte dele nenhum remorso, nem que me pediu perdão. Todas as vezes que penso no senhor Olavo, sinto que ele nem se lembra de mim. Será, Júlio, que você poderia me acompanhar nessa visita?*

— *Daniel, Olavo não é o assassino!* — Júlio falou tranquilamente.

— *Não?! Como?!*

— *Não sendo* — continuou Júlio a me elucidar. — *Olavo não assassinou aquelas moças.*

— *Não foi ele? Quem foi, então?* — perguntei.

Estava pasmo, para não dizer assustado ou indignado. Não tinha raiva do senhor Olavo. Ele me era indiferente. Mas tinha certeza de que fora ele, principalmente agora que sabia não ter sido eu. Fiquei quieto por instantes, acho que de boca aberta. Júlio continuou tranquilo e falou:

— *Daniel, uma pessoa me pediu para lhe dizer que, quando você quisesse saber toda a história, ela viria para lhe contar. Sábado à tarde você terá folga. Vou marcar esse encontro, pedir para que ela venha aqui visitá-lo e aí, então, saberá de tudo.*

Saí da sala dele curioso. Quem seria o assassino? Era conhecido? Não suspeitava de mais ninguém.

"Será José Luís? Tomara que não seja ele! Mas" — pensei agoniado — *"as três últimas moças foram mortas depois que*

o visitei". — Ao pensar nele, senti que ele queria se desculpar comigo. — *"Ai, foi o José Luís! Se ele quer se desculpar comigo, é porque se julga culpado".*

Chorei. Não queria que ele fosse o assassino. Acho que senti tanto como se tivesse sido eu. Fiquei tão triste, que não conseguia prestar atenção nas aulas e pedi para ir ao meu quarto.

Júlio veio ver-me.

— *O que aconteceu, Daniel? Está perturbado com essa história de assassinatos? Já não sofreu muito por isso?*

— *Se não foi o senhor Olavo, fiquei pensando quem foi? Ao pensar no meu amigo José Luís, senti que ele quer se desculpar comigo. Acho que foi ele, e eu não queria que fosse. Gosto dele!*

— *Isso é nobre de sua parte, Daniel* — observou Júlio. — *Esse assassino prejudicou você. Em vez de ficar com raiva de seu amigo, entristeceu-se porque não quer que seja ele. Será, Daniel, que José Luís não está querendo se desculpar por não lhe ter escrito, dado apoio ou visitado? Ele foi seu amigo e talvez ainda lhe tenha amizade.*

— *Será?* — perguntei.

— *Espere com paciência pelo sábado. Faltam somente dois dias. Saberá de tudo, então. Tranquilize-se! A história já foi escrita e nada poderá mudá-la.*

— *É verdade! Por mais que nos arrependamos de algo, não podemos mudar os fatos. Agradeço-lhe, você tem razão, vou esperar com calma. Com certeza, não devo saber somente o nome do assassino, mas todos os acontecimentos. E prefiro que esse criminoso me seja desconhecido. Acho que é mais fácil perdoar quando não conhecemos a pessoa.*

— *Isso porque estamos sempre esperando coisas boas e, às vezes, até exigimos fidelidade, gratidão e outras virtudes dos que conhecemos* — comentou Júlio.

Melhorei, voltei às aulas e aguardei a tarde de sábado, que finalmente chegou. No horário marcado, fui para o jardim, local em que os estudantes recebiam visitas. Sentei-me num dos bancos confortáveis, mas não esperei muito. Vi dona Carmem aproximar-se sorrindo. Corri ao seu encontro, de braços abertos. Abraçamo-nos e lágrimas escorreram pelos nossos rostos emocionados.

— *Dona Carmem! Que alegria em revê-la! Como está a senhora?*

— *Nic, meu filho, quantas saudades!*

— *Dona Carmem, sou inocente! Não matei aquelas moças!* — exclamei.

— *Eu sei e quero me desculpar por não ter feito mais por você. Diante das provas, fiquei em dúvida* — falou dona Carmem pausadamente.

— *A senhora não precisa se desculpar, sei que desencarnou logo após eu ter ido para o sanatório. Fale-me da senhora, como foi sua desencarnação? Foi socorrida logo?*

— *Sim, fui. Estava muito triste, preocupada e empenhada em descobrir a verdade. Não dormia bem havia dias. Um dia, acordei de madrugada com dores fortes no peito; dormi novamente e acordei na colônia do Plano Espiritual da cidade onde fica o orfanato. Você está em outra colônia, que se situa na espiritualidade da cidade onde se encontra o sanatório. Os pais e principalmente as mães desencarnadas dos órfãos de que cuidei socorreram-me e muito me ajudaram. Soube então que você era inocente, e daqui pude orar para você continuar sendo bom e resignado.*

— *Obrigado!* — agradeci emocionado. — *Foram suas orações certamente que me sustentaram.*

— *Daniel, vim aqui para lhe contar tudo. A história é um pouco longa.*

— *Por favor, dona Carmem, quero ouvi-la. Preciso saber de tudo* — pedi.

Acomodamo-nos num banco e dona Carmem começou a contar:

— *Vim de outra região para esta, recém-casada, e fui morar na fazenda de Ciro, onde meu marido arrumou emprego. Logo que chegamos, recebi a notícia de que minha mãe desencarnara; meu pai casou-se de novo e aos poucos fui perdendo o contato com meus irmãos. Meu marido queria filhos, eu também, mas, como não engravidava, ele começou a maltratar-me, tinha amantes, batia-me e humilhava-me. Conheci Ciro, ele já era casado, tinha filhos pequenos e todos na fazenda sabiam que ele e a esposa não se entendiam. Ciro interessou-se por mim, mas eu era honesta, não traía meu esposo e nem teria um caso com um homem casado. Deixei claro isso para ele, que compreendeu. Ciro chamou a atenção do meu esposo, pediu para que me tratasse melhor. Levei uma grande surra por isso. Numa madrugada de sábado, quando meu marido vinha da cidade aonde tinha ido a um baile, foi assaltado e morto. Fiquei aliviada, mas tive medo de ficar sozinha longe da família. Dias depois, Ciro com a esposa foram me visitar.*

— *Dona Carmem* — disse Ciro —, *sabe bem que é norma da fazenda ter por moradores somente os empregados. Infelizmente, temos de lhe pedir para desocupar a casa. Mas minha esposa e eu nos preocupamos com a senhora, que é jovem e agora viúva. Temos uma oferta a lhe fazer. Na cidade há um pequeno orfanato que Maria Amélia tem ajudado e que está necessitando de uma pessoa de nossa confiança para tomar conta. Não quer ir? Aceita esse emprego?*

— Quero! — respondi depressa.

Tudo acertado, no outro dia fui para o orfanato. Era pequeno, tinha apenas quinze crianças. Dona Maria Amélia quase não ia ao orfanato, mas Ciro sim. Com o auxílio dele e de outras pessoas, construímos outro prédio e muitas crianças foram abrigadas.

Ciro me amou, eu gostei dele, mas nunca tivemos nada além de amizade. Ele admirava-me por ser honesta e eu amava as crianças como os filhos que não tive.

Olavo era empregado da fazenda de Ciro, seu homem de confiança. Era solteiro e, numa briga por causa de mulheres, um outro empregado o feriu com uma faca e ele ficou impotente. Para evitar que Olavo fosse humilhado, Ciro o levou para trabalhar no orfanato. Sempre soube que ele me vigiava. Ciro queria ter certeza de que eu continuava honesta e que não tinha namorados.

Aproveitando que dona Carmem fez uma pausa, comentei:

— O senhor Olavo não era o assassino!

— Não, Nic, Olavo não matou ninguém. Ele acreditava realmente ter sido você. Ficou ainda muito tempo no orfanato, está idoso e atualmente mora em um asilo. Vou continuar com a narrativa: o assassino, pessoa doente, obcecada por mulheres honestas, achava que as que não procediam direito, no seu conceito, tinham de ser castigadas e mortas. No primeiro crime, não teve

a intenção de culpar ninguém. Mas, como o viram correr rumo ao orfanato, teve medo de ser descoberto e, como sabia das traquinagens dos garotos maiores, pois Olavo lhe contava, planejou culpar um dos meninos. E você, com o seu sonambulismo, foi o escolhido.

Dona Carmem fez outra pausa e comentei:

— *Então não foi José Luís!*

— *Não* — respondeu dona Carmem. — *José Luís não tem nada que ver com esses crimes. Ele sofreu muito, foi perseguido por ser seu amigo. Talvez ele agora, adulto, sinta por não tê-lo ajudado.*

— *Dona Carmem, é um alívio saber que não foi José Luís. Mas, por favor, fale logo quem foi* — pedi.

Dona Carmem suspirou e voltou a contar:

— *Com você preso e depois no sanatório, ele se aquietou temendo ser descoberto. Quando você saiu e foi trabalhar na fazenda, ele já tinha planejado cometer outros cinco crimes, de tal forma que você fosse julgado culpado. Ele escolhia as moças e planejava tudo. Matou três das cinco que planejou porque você voltou para o sanatório.*

Dona Carmem fez novo intervalo. Tive vontade de lhe pedir novamente para que falasse logo quem era o assassino, mas não o fiz, não tive coragem, olhei para ela, interrogando-a com os olhos.

— *O assassino é Ciro* — disse ela com voz baixa, que escutei por estar atento.

Silêncio. Peguei na mão dela e a beijei. Dona Carmem continuou a falar:

— *Quando Ciro chamou a atenção do meu marido e soube que ele me bateu, contratou um assassino de aluguel para matá-lo.*

Respeitava-me por ser fiel. Tinha raiva das prostitutas. Ciro era de família rica, a mãe traía o marido e ele via, sabia. Talvez fosse por isso que odiava mulheres que tinham amantes.

— Mas, dona Carmem, ele foi bom para mim, e foi me buscar no sanatório — contei.

— Nic, Ciro não assassinou somente essas moças. Ele viajava muito, ia a outras fazendas distantes e lá, nesses lugares, matou outras mulheres. Um homem deficiente mental ainda está preso, acusado injustamente. Maria Amélia, a esposa de Ciro, já desconfiava dele. Quando você foi embora, ele não sabia e matou a outra moça. No dia seguinte, ele foi ao seu quarto e achou o seu bilhete; pegou-o e escondeu-o. Maria Amélia achou o bilhete e leu-o. Resolveu, então, pôr um fim nos crimes do marido. Temia o escândalo, se soubessem a verdade, os mais prejudicados seriam os seus filhos. Deu ao Ciro, no chá, um veneno muito forte, matando-o. Infelizmente, Maria Amélia, mesmo sabendo que você e aquele outro moço deficiente eram inocentes e estavam presos, não fez nada para inocentá-los nem os ajudou. Teve medo de que descobrissem que ela era também assassina, pois matara Ciro. Ele sofreu muito ao desencarnar, foi enterrado junto do seu corpo físico e a ele ficou preso até que este se decompôs. Foi desligado por aqueles que não lhe haviam perdoado e levado ao umbral, onde padeceu por muitos anos. Mas Ciro também fez o bem. Não se perde o bem que se faz. Ele deu muitas esmolas, foi bom patrão, defensor de mulheres que julgava honestas; foram muitas as viúvas que auxiliou, e sustentou o orfanato. Recebeu muitas orações de agradecimento com sinceridade, que iam até ele com fluidos positivos, incentivando-o a se arrepender e a pedir socorro. Ciro foi socorrido, está abrigado na

colônia em que moro, numa enfermaria do hospital. Nic, você ainda quer perdoar a quem assassinou aquelas moças e colocou a culpa em você?

— Quero! — afirmei.

— Vamos marcar um horário que você tenha livre. Virei buscá-lo para visitá-lo e aí você poderá dizer-lhe pessoalmente que lhe perdoa. Fará um bem muito grande a ele.

Fiquei quieto pensando. Dona Carmem respeitou meu silêncio e aguardou, tranquila. Pensei:

"Dizemos muito que perdoamos, mas não é fácil quando somos chamados a fazê-lo depois de termos sido prejudicados. Se eu não tivesse sido acusado, certamente teria aprendido um ofício, saído do orfanato, casado; teria tido um lar e filhos, uma existência comum de alegrias e dificuldades. O senhor Ciro me privou disso tudo, vivi preso no sanatório entre doentes e, pior, sem saber se era ou não o assassino. Eu achava que lhe devia favores! Mas, sabendo o que fiz no passado, entendo que não sou inocente".

Afinal, comentei com dona Carmem:

— É muito difícil ter alguém somente bom reencarnado na Terra, não é? Como também não existem somente pessoas maldosas!

— Você tem razão, Nic — esclareceu dona Carmem. — Parece que muitos de nós estão no crepúsculo, onde há a claridade da bondade e algumas trevas da ignorância.

— Ele me ajudou e ao mesmo tempo me prejudicou — lamentei.

Antes de nos despedir, fomos até o Júlio e pedi-lhe para visitar o senhor Ciro. Com a permissão dele, marcamos dia e hora.

Dona Carmem buscou-me e, de aeróbus, fomos à colônia vizinha onde ela morava, visitar o senhor Ciro, que ainda estava internado no hospital.

Todos os hospitais no Plano Espiritual são imensos, devido à imprudência, que ainda é grande nos habitantes da Terra.

— *Ciro está numa enfermaria que abriga necessitados graves, mas que têm consciência de seu estado* — esclareceu-me dona Carmem.

Chegamos à enfermaria masculina depois de atravessar inúmeros corredores. Quase todos os leitos estavam ocupados. Paramos. Reconheci o senhor Ciro depois de observá-lo bem. Estava magro, pálido e com uma expressão enferma.

— *Boa tarde, Ciro!* — cumprimentou dona Carmem. — Trouxe-lhe uma visita. É o Nic, o Daniel! Lembra-se dele?

— *Meu Deus!* — exclamou o senhor Ciro, baixinho, colocando as mãos no rosto.

— *Boa tarde, senhor Ciro! Como está passando?* — perguntei.

Silêncio. Senti que ele estava envergonhado. Olhei para dona Carmem, que sorriu. Falei:

— *Vim visitá-lo para dizer-lhe que não guardo rancor.*

— *Você compreende?* — perguntou ele.

O senhor Ciro tirou as mãos do rosto, virou-se para mim devagar e olhou-me.

— *Não sei se compreendo, mas perdoo-lhe!* — respondi.

— *Você tem razão, Daniel, é difícil compreender. Você está sendo muito caridoso em perdoar-me. Agradeço-lhe! Não tenho justificativa, tinha vontade de matar, planejava e, pior, deixava a culpa cair em outras pessoas. Sabia o que fazia. Espero que todos me perdoem.*

— Senhor Ciro, esforce-se para se perdoar também, melhorar e ser útil — pedi.

— Estou fazendo um tratamento — contou ele. — Quero melhorar. Estou arrependido, e o remorso dói muito.

Conversamos por mais alguns minutos. Estava na hora de irmos embora.

— Até logo, senhor Ciro!

— Daniel, venha ver-me mais vezes. Roguei tantas vezes em pensamento que me perdoasse e não me quisesse mal, mas entenderia se me odiasse. Você me perdoou porque é bom.

— Penso, senhor Ciro, que perdoar é até um ato de inteligência — respondi. — Se não lhe tivesse perdoado, estaria querendo vingança e não estaria abrigado em um local lindo, onde o bem impera.

Despedimo-nos e dona Carmem trouxe-me de volta.

— Nic, estou contente com sua atitude. Sua visita e seu perdão foram muito importantes para Ciro.

— As outras pessoas, as moças assassinadas e suas famílias, já o perdoaram? — indaguei.

— Quase todos; alguns já se sentiram vingados, outros ainda querem vingança.

Senti-me bem. Se a visita fez bem ao senhor Ciro, havia feito muito mais a mim. Foi perdoando que me senti de fato perdoado. Estava pronto para fazer minha oferta ao altar da vida, oferta de amor a mim mesmo e a todos os irmãos.

CAPÍTULO 13

DECISÃO

— Com todos os meus problemas resolvidos — continuou Daniel —, concentrei-me nos estudos. Conhecer o Plano Espiritual foi agradável e encantei-me com todos os itens estudados. Mas um assunto fascinou-me. Fomos visitar um centro espírita e... desculpe-me, Antônio Carlos, eu já ia me desviando do assunto.

— Por favor, Daniel, conte-me o que aconteceu, do que você gostou tanto? — perguntei.

— Sendo assim, vou contar-lhe. Fomos em excursão a uma casa espírita onde ficamos uma semana participando de seus trabalhos: doutrinário, passes, desobsessões, assistência espiritual e reuniões de estudos. Foi nessa reunião, a de estudo, onde todos participavam dando opiniões e fazendo perguntas, que escutei uma bela lição sobre gratidão. Estávamos nós, os estudantes desencarnados, apenas assistindo à *aula dos encarnados. Um senhor, estudante do Plano Físico, indagou a uma senhora que coordenava o grupo:*

— Por favor, responda-me: a senhora recebe agradecimentos? Como devo agir quando me agradecem por um benefício, principalmente os que fazemos aqui no centro?

— Devemos ser gratos e ensinar os outros a serem gratos também — respondeu a senhora. — Quem é grato está aprendendo, ou já sabe, a amar de forma verdadeira. Devemos lembrar dos benefícios que recebemos e esquecer os que proporcionamos. Não devemos cobrar agradecimentos a não ser de nós mesmos. Sim, eu recebo agradecimentos, pois para mim são bênçãos que me têm fortalecido. Quando recebemos agradecimentos sinceros, que vêm com as palavras, fluidos salutares chegam até nós também, e, se receptivos, fazem-nos muito bem. Que troca de energias maravilhosas ocorre quando, ao receber um agradecimento, retribuímos com um "de nada". Fluidos de gratidão são muito benéficos, só perdendo para os de amor. Estou aprendendo a fazer o bem pelo amor ao bem. Recebo muitos benefícios dos amigos desencarnados e encarnados. Tenho estado atenta para agradecer a todos e, quando o faço, concentro-me rapidamente, criando fluidos de carinho para que, junto com o agradecimento, envolva a pessoa com a energia de gratidão. E, quando recebo agradecimentos, com simplicidade respondo "de nada" aos "obrigados"; de "Deus a abençoe" aos "Deus lhe pague", enviando boas energias aos gratos. Aqui no centro temos feito o bem, graças a Deus, porque, se não fosse assim, algo estaria errado, pois aqui estamos nos reunindo para aprendermos a ser servos bons e úteis. E se estamos fazendo algo que beneficiou outras pessoas e se elas

nos agradecem, que recebamos e respondamos enviando-lhes em resposta o nosso amor. Aproveito para agradecer-lhes. Aqui tenho bons amigos, e a amizade é um bem precioso. Tanto carinho e compreensão tenho recebido de vocês! Muito obrigado a você e a todos que estão reunidos aqui.

Todos se agradeceram e responderam aos agradecimentos, e eu nunca tinha visto fluidos tão maravilhosos. De fato, a gratidão produz bênçãos de valor inigualável. E logo que me foi possível, procurei todas as pessoas a quem devia meu muito obrigado: no Plano Espiritual, à dona Carmem, aos que cuidaram de mim quando cheguei à colônia, aos mestres, aos colegas de estudo. E fui visitar os encarnados e também lhes agradeci. Aproximei-me deles e, com carinho, tentei transmitir-lhes fluidos bons e lhes disse: "Deus lhe pague". Revi Terezinha e Soninha no orfanato e até o senhor Olavo, que estava bem idoso, no asilo; no sanatório, os médicos, enfermeiros e muitos internos.

O curso terminou com total aproveitamento. Senti-me feliz e muito grato pelo que aprendi. Com uma festa agradável e muito bonita, recebemos o certificado. A emoção fez com que muitos de nós chorássemos. Cada um dos cursistas ia fazer algo diferente. Despedimo-nos com a promessa de nos reencontrarmos. Fiz muitos planos, queria trabalhar por uns tempos em hospitais psiquiátricos no Plano Físico; depois, continuar a estudar. Todos os pedidos foram analisados e o meu foi aceito, somente eu não iria servir no sanatório em que vivi tantos anos internado. Um dos meus professores explicou-me:

— Daniel, é melhor você tentar ajudar pessoas com as quais não teve convívio. É um principiante, e a emoção poderá pôr em risco seu trabalho. E, servindo entre pessoas desconhecidas,

ampliará afetos. Depois, com experiência e já sabendo dominar suas emoções, poderá trabalhar no sanatório em que esteve quando encarnado.

Aceitei a sugestão agradecido. Antes de começar minha nova tarefa, tive três dias de folga e aproveitei para visitar Rania. A fazenda estava modificada, modernizada, e um dos filhos do senhor Ciro a administrava. Rania tinha se casado, teve três filhos, estava bem mais gorda e envelhecida. Ela tinha problemas como todos os encarnados, mas estava bem. Ao vê-la, compreendi que amei uma ilusão, pois eu não tinha nada em comum com ela. Orei naquele lar simples, de fazenda, para que Rania tivesse paz. Ela recebeu meu carinho e sentiu-se bem.

Vim para cá e neste hospital foi onde realmente aprendi a servir. Tentando ajudar é que tenho caminhado, melhorando meus sentimentos. Amo este trabalho. Encontro-me sempre com dona Carmem e, juntos, visitamos o senhor Ciro. Na última visita ele me pediu:

— Daniel, vou reencarnar e desejo que você venha comigo, seja meu irmão. Quero pagar minha dívida com você servindo-o, sendo um irmão dedicado, fazendo de tudo para que seja feliz. Não recuse. Quero tanto lhe servir.

Daniel fez uma rápida pausa, suspirou, me olhou e disse:

— É isso, Antônio Carlos, o que me preocupa. Devo atendê-lo? Estou indeciso e fiquei de dar uma resposta ao senhor Ciro.

Não podia decidir por ele, não me cabia dizer sim ou não. Mas, se ele pediu a minha opinião, contou-me toda a sua história, esperava minha resposta. Então opinei:

— Ciro cometeu erros, não acabou com a vida, que é indestrutível, mas inutilizou os veículos, os corpos que os espíritos

utilizavam para manifestar-se no Plano Físico para um período de ajustes e aprendizados. Homicídio é falta grave, cuja reação, normalmente, é de sofrimento. Somos livres para agir, mas não o somos para receber as causas que geraram nosso proceder, é a lei. Porém, podemos neutralizar reações adversas construindo com muito trabalho benéfico o que destruímos ou prejudicamos. Ciro acha que destruiu sua felicidade e quer construir, mas será que terá condições para isso? Será também que essa ajuda que ele quer lhe dar não pode se estender a outros que necessitam?

Fiz uma pausa, Daniel estava atento. Continuei:

— Daniel, aquela mãe que você separou dos filhos deixou gravada a resposta ao seu pedido de perdão dizendo-lhe que não se sentisse devedor, não foi? Quando perdoamos, realmente não cobramos nada do perdoado. Se ainda nos sentimos credores, não perdoamos de fato, da maneira correta que Jesus nos ensinou. E você, meu amigo, depois do que viveu, aprendeu, não se julga capaz de cuidar de si? Será que precisa de alguém para ajudá-lo? Você se vê como devedor? Acha que ele lhe deve algo?

Com as minhas indagações, Daniel começou a sorrir. O sorriso invadiu seu rosto. Voltou a ser aquela pessoa que vi pela primeira vez, feliz e despreocupada.

— Vou falar isso para o senhor Ciro, dizer a ele para não se sentir devedor, pois não me deve nada. Que meu perdão não teve troca, foi sincero. Não vou reencarnar agora, ficarei aqui na espiritualidade, irei visitá-lo no Plano Físico e tentarei com carinho ajudá-lo, incentivando-o a fazer o bem para anular as maldades que fez. Serei com certeza capaz de cuidar de mim. Não quero que minha felicidade dependa de ninguém. Somente eu posso me fazer feliz. Tenho duas horas antes de iniciar meu *plantão e vou agora mesmo me encontrar com o senhor Ciro e dar-lhe a resposta da decisão que tomei. Vou continuar na espiritualidade e fazer com muita alegria o que planejei. Tchau!*

Daniel, eufórico, passou pela porta, mas voltou rápido.

— *Antônio Carlos, muito obrigado!*

— *De nada!* — respondi sorrindo.

Ele volitou. Certamente tinha pressa de dizer o que decidira e voltar ao trabalho. Saí da sala do médico encarnado e fui para o pequeno pátio. O sol raiava num maravilhoso espetáculo. Ouvia-se o canto dos pássaros despertando. Mais um dia despontava e eu tinha também logo mais um compromisso, mas antes de volitar fiz minha prece:

"Obrigado, meu Pai Deus Criador, pelas muitas oportunidades!"

E senti a resposta dentro de mim:

"Eu o abençoo, meu filho!"

MORRI! E AGORA?

VERA LÚCIA MARINZECK DE CARVALHO

Ditado pelo Espírito Antônio Carlos e Espíritos Diversos

Romance | 15,5 x 22,5 cm | 192 páginas

"Morri! E agora? Para o leitor entender o que ocorre depois da morte do corpo, o Espírito Antônio Carlos reuniu vários depoimentos, aos quais acrescentou indispensáveis explicações. São histórias verídicas, que a vida escreveu: Nelson sente uma dor terrível. Ouve a esposa aflita chamar a ambulância. Mais tarde, acorda num quarto estranho, onde nota a ausência de equipamentos hospitalares... Zé Pedro, um modesto trabalhador do campo, é assassinado e abandonado na mata. Sem entender o que está acontecendo, assiste ao próprio enterro... Sônia, uma enfermeira, é atropelada. No hospital, desesperada, recusa-se a aceitar a morte do corpo físico... Artista famosa e exibida descobre que não pertence mais ao mundo dos vivos. Chamando o filhinho desencarnado, sente o delicado contato de mãos infantis... Durante uma briga entre marginais, Janu perde a vida. Ainda revoltado com a morte, descobre que foi socorrido por um bando de espíritos perversos... Que essa leitura possa dar a você segurança e tranquilidade a resposta do: e, agora? Muita paz!"

boanova@boanova.net
www.boanova.net | 17 3531.4444

Av. Porto Ferreira, 1031 | Parque Iracema
CEP 15809-020 | Catanduva-SP

www.**petit**.com.br | petit@petit.com.br
www.**boanova**.net | boanova@boanova.net

 17 3531.4444
 17 99777.7413
 @boanovaed
 boanovaed
 boanovaeditora

Acesse nossa loja

Fale pelo whatsapp